陳安如老師的國中高分會考作文課

陳安如 著

第二版

五南圖書出版公司 印行

目錄

IV 來自學生的見證與推薦

XII 推薦序 在寫作的世界裡,老師是導演,讓學生盡情發揮　徐弘縉

XIV 推薦序 把安如老師帶回家!　廖福榮

XVI 推薦序 原來作文可以這樣學習　陳麗雲

XX 本書使用方法

XXIV 中學生寫作常見問題

001 第一堂課 一個人的夜晚

029 第二堂課 發現幸福

055 第三堂課 我最難過的一件事

085 第四堂課 有你真好

| 109 第五堂課　掌聲響起的時候
| 137 第六堂課　夏天最棒的享受
| 161 第七堂課　一句話的力量
| 195 第八堂課　我的偶像
| 225 參考書目

來自學生的見證與推薦

01・林勝理　敦化國中七年級

陳安如老師上課很有趣，來這裡上課讓我有很多收穫，總是使我沒有上課的感覺，因為老師很親切，上課輕鬆的氣氛，讓寫作文時更能引人入勝。

02・李紫瀅　福和國中七年級

原本媽媽對我的作文感到煩惱，但在無意間發現了陳安如老師辦作文社，讓我一竅不通的作文得救，好像我的作文遇到專門診治作文的華陀，而陳老師就是那位華陀，把我的作文治理得不只是好了，是變得很強，我真的真心的感謝這位神醫老師！

03・魏佑容　金華國中九年級

老師上課的時候總能將幽默和課程結合，時而穿插一些寫作的注意事項，以及舉例的方式提供同學題材，讓作文課變成一件有趣的事。

04・張哲綸　明湖國中八年級

陳安如老師教得生動有趣，讓人上課時忘記了時間，直到下課時才驚覺時間的存在，不僅在上課時非常輕鬆，而且十分有效，作文絕對會進步！

05・林詩穎　東山國中八年級

從小學二年級開始，我便跟隨著陳老師一同上課，上課時有說有笑，從原本只寫題目，到現在國中八年級，常常拿滿級分。在這兒，我對作文多了一份信心，多了一份成就。

06・鄭皓尹　大安國中八年級

如果，創意的泉源被堵住，無法通過；如果，下筆沒有神，只有「慢」，那陳安如老師一定能使你寫作通順，使你下筆如有神！

07・鄧又誠　金華國中九年級

從我小學四年級走進這個作文班，對作文一竅不通，但上了陳老師的課後，陳老師幽默的語言，熱情的開導，讓我越來越了解作文，也對作文產生了興趣。

08・薛羽崴　大安國中七年級

很喜歡上老師的課，不但內容豐富有趣，更是採用輕鬆易懂的教學手法令學生們更加能把實力發揮得淋漓盡致，從我小學四年級一直上到現在，作文進步了很多！

09・何佩諭　大安國中九年級

多虧有陳老師趣味生動的教導及透澈的評語，讓我跨越作文的難關，和六級分作文

才會有交會點。

10. 楊佳芸　師大附中八年級

陳老師上課總是很用心準備教材，並清楚引導大家如何寫出一篇好作文，不單只是制式化的教學方法，而是眞正培養文學內涵。

11. 陳玟諭　介壽國中七年級

我在陳安如作文班上課，我很喜歡聽陳老師上課，她長得美麗動人，常常在上課說她人生經歷的事，而且她在上課時也常常說很多好笑的趣事。她的聲音響亮又好聽，她是我最喜歡的作文老師。

12. 謝宜樺　康橋中學七年級

在陳老師的作文課中我獲益良多，從一開始那個懵懂的我，到現在我可憑一己之力，寫出一篇又一篇優美的文章，在生動的作文課，教室中充斥著歡笑聲，靈感就能傾洩而出，到現在，我仍在陳老師的熱情之下，創作動人的詩篇。

13. 陳亭瑋　仁愛國中九年級

當我踏入了陳老師的作文班，我就被老師精彩的引導和自身經驗的分享深深地吸引，老師的評語也是我作文進步不可或缺的動力來源。

陳安如老師的高分會考作文課　VI

14・王○捷　興雅國中七年級

小時候，要如何流暢地寫作文一直是我最大的問題，但經過陳老師的教導之後，我終於豁然開朗。我今天的作文能如此流暢和合乎邏輯，都是陳老師栽培的結果！

15・左翎蓉　興雅國中七年級

國小時，我一直很害怕寫作文，導致我作文成績都不被看好。自從來到陳安如作文班後，老師上課幽默風趣，上課時也不斷地說明寫作的重點，使我漸漸愛上作文，在校寫作輕而易舉，得到國文老師的讚美，來到作文班真的讓我改變許多！

16・王○敏　興雅國中七年級

國小時，寫作文是我最大的天敵，每次寫的作文都被媽媽改得滿江紅，自從來了陳安如作文班，我開始喜歡上寫作文，就連學校老師也特別稱讚我越來越進步！

17・薛宇晴　北政國中八年級

走進陳安如作文班，便是滿滿的書香氣息。雖然進來這裡上課不久，在校的作文就明顯的進步，而我也從原本懼怕作文的心態，轉而為熱愛，每週一篇的作文練習，不僅能加強寫作能力，更因為上課豐富又有趣，也讓我在短短的上課時間內有很大的收穫！

18. 須安妤　民族國中九年級

每每上老師的課，課堂內總是充滿了笑聲，徜徉在歡樂的氣氛中，總讓作文這麼艱難的一課，變得輕鬆許多，何其有幸能上到安如老師的課！

19. 高郁雯　興雅國中七年級

來這裡上課前，寫作文是我最大的恐懼。每一次老師要我們寫作文，我都要花好多時間，成績卻還是不理想。自從來到陳安如老師這裡上課後，我學到許多寫作技巧，作文成績也大有進步！

20. 王晴臻　介壽國中七年級

我覺得自從來陳安如老師這裡上課後，作文日益進步。老師上課的方式很生動有趣，讓我發現寫作文並不枯燥乏味。真的很感謝陳安如老師的教導！

21. 鄭庭安　金華國小六年級

陳老師教導我的作文，充滿趣味和歡樂。我在上陳老師的課時，不但可以讓自己沉浸在作文的歡樂世界裡，也可以開心的寫作文。總之陳老師我有一句話想對您說：「陳老師，我愛您！」

22. 顏才翔　敦化國中八年級

從小學二年級那懵懵懂懂的年紀，我就開始在這邊上作文課，從一開始搞不懂修辭的我，到現在已能很熟練地運用修辭在作文中，經過了六年多的時光，我也成長了很多。

23. 鄧聖儒　金華國中八年級

在陳安如老師這裡上課後，讓我學會許多的文學常識，使我的作文從如枯木中雜草般的作品，轉變成如生命中那美妙的旋律。

24. 陳昀　金華國中七年級

從小學一年級開始，我就跟著陳老師學習作文，生命中因有了「作文」的存在，讓我學會對生活有不同的體悟。每當寫完作文，陳老師會給予鼓勵，使我的作文又更進一步。現在的我，不像其他同學一看到作文就感到害怕，而是充滿自信的面對它！我相信，跟著陳老師學習，是正確的選擇！

25. 李珮毓　金華國中八年級

從小學四年級上到現在國中八年級，這幾年我的作文越來越進步，陳老師上課的方法也很有趣，陳老師說：「你們在這裡上作文不是為了到學校和同學競爭，而是為了將來的會考能得滿分。」老師幫我們鋪好道路，使我們未來能越走越順。

26.江品萱 大安國中九年級

原本我對自己的作文一點信心也沒有，上了陳安如老師的課，帶給我自信，使我現在能夠將自己所看、所想，毫無保留寫在作文中，也因為老師，我的遣辭用句能更加精確，最重要的是，我不再害怕寫作文！

來自學生的見證與推薦

推薦序——

在寫作的世界裡，
老師是導演，讓學生盡情發揮

拜讀安如老師的大作《陳安如老師的高分會考作文課》，體會到安如老師對於作文教學的用心，作者以無比細膩與貼切的筆觸，一步一步帶我們走過面對中學生寫作常見問題。書中每堂課的課程內容，區分為【主題課程】、【寫作觀念交流】、【密技大公開】、【寫作材料庫】、【佳句補給站】、【為作文鑲上鑽石】、【修辭一點靈】、【頒獎時刻——金筆獎】等單元。使中學生們除對文章的寫作方法有所了解外，還可以提高興趣練習寫作，從而增進學生的寫作能力。

學生的寫作是語文能力的一個重要部分，也是社會生活中不可或缺的一種實際能力。在多年的教學實踐中，我發現學生從小學到中學寫厭了，從事作文活動的興趣缺缺，學生對作文不感興趣的主要原因，大都是缺乏社會經驗，生活單調枯燥，缺乏素材，造成在審題時「無話可說，沒有內容可寫」，產生困惑心理；或者「有話說不出來，不知從何下筆」，產生迷惘心理。

其實寫作應該是自由的、是心靈的，生活中所有的素材都可以成為寫作的材料。更重要的是老師作文教學教什麼？這是很值得研究的課題。作文教學面對的不僅僅是題目，不僅僅是課本，它涉及到學生的生活空間，需要生活的積累，作文過程中需要情感的投入。而現行的作文教學中仍存在著某些盲點，很多教師只知道講，怎樣開頭，怎樣結尾，倒敘、順敘、插敘……甚至把其他科學的教學模式都搬了進來。作文知識、作文技巧固然要講解，但更重要的部分是如何充分啓發學生的潛能？如何培養學生的主動意識？讓學生在寫作中自己摸索、融會貫通所學的知識，把寫作材料真正變成學生自己的東西，這就涉及到作文教學中教師的地位問題。

所以，教師要當導演，教師更要當劇務：搭好舞臺，提供材料，布置場景，製造氣氛，挑動演員的情緒，激發演員的表演欲望，然後讓演員們去自由發揮。安如老師這本書，她做到了！

《搶救國文大作戰》作者　徐弘縉

推薦序──

把安如老師帶回家！

當看完《陳安如老師的高分會考作文課》一書，不禁為看到此書的學生感到欣慰。

文中，看到安如老師對作文專精、專業，不僅熱情，更是幽默。與眾不同的是，她有豐富的經驗，可以一眼看到學生的弱點、缺點、盲點，進而解決學生的問題。解決方法不是透過不斷的背誦成語或名言，而是如她所說要輕鬆愉快，要讓靈感在心靈自由的情況下出現。怎麼讓靈感湧現呢？怎麼讓靈感化為神來之筆把腦袋的畫面精彩、生動地寫出來呢？

這就是安如老師的魔術了！

她不只是在教作文，更是在引導寫作的樂趣。

簡單易懂是此書的特性，只要開卷，自會被文章的逗趣吸引，而欲罷不能。例如：綱要中的──「寫作觀念交流」→建立擴散思考的層面。「密技大公開」→讓文章透過轉折而更完整，其中使用的「小道具」增添了文章的色彩，更是前所未見。「到底要加什麼料」→運用各種修辭，來鋪陳文章，文章更顯完備而有張力。

這本書讓人的感覺，就如同：我把安如老師請回家當作文老師！

臺中女中退休校長 廖福榮

推薦序——

原來作文可以這樣學習

從前自己當學生的時代,作文從來不是什麼困難或者令我擔心的事,總覺得不就是了解題意、分分段落,然後,舉個適切的典故或自身經驗,再加上令人動容的結語,要交差或得高分並不難。

然而,等我當了媽媽之後,才發現自己寫作和教導孩子寫作是兩碼子事。而且時空轉換,現在孩子的生活經驗以及思考模式,和近四分之一世紀之前的我的時代有著難以想像的差距,因此,每當孩子困頓於即將交差的作文功課時,媽媽總是不得不出手相救,雖然,我一再聲明,討論完架構後就要自己完成,但是,孩子常常還是杵在原地,不知如何下手。有時,我真的很納悶,幾個孩子從小跟著我做親子閱讀,故事聽很多,書也看不少,為什麼寫作還是不上手?

曾經,我也試著找作文班,但是試聽之後,孩子們都覺得枯燥,難以適應。因而,只好從作文工具書著手,於是,有段時間,我幾乎買遍了坊間的作文導引,然後,採取「醃梅子」法,從床頭、遊戲間、書桌旁、餐桌上、乃至廁所馬桶邊到處插花,只希望孩子偶然「上鉤」青睞某個有用的段落。「看」的餌嫌不夠?還有「聽」的,我另在車上放學習錄音

帶，讓作文有聲書在接送路程一路放送。做了這麼多，成效好不好呢？坦白講，ＣＰ值很有限。因此，我深深體會到閱讀或可自由自在，但是指導寫作員的需要方法，可是，誰可以指點焦頭爛額的父母呢？

直到今年七月間，我聽說安如學妹要出書了，內容是她多年來在作文班指導學生開心學習的經驗，以活潑有趣的方式串聯成十六堂親子寫作課，內容有心法也有實用的技法，非常適合忙碌的家長或學校老師按照書中的指點，陪伴孩子「愛上寫作」。書寄達之後，我迫不及待地讀完，只有一個心情，那就是「相見恨晚」，如果這本書早個十年出現，我在陪伴孩子寫作的過程就不必那樣跌跌撞撞，白費力氣了。

只是，這樣的學習模式有可能延伸到國高中的孩子嗎？如果孩子已是半獨立的青少年，有沒有可能透過自主式學習，從而繼續精進書寫能力呢？尤其，幾個月前吵得沸沸揚揚的十二年國教，確定廢除基測，改成申請入學，其中超額比序要件最重要的關鍵就是作文，因此，可以預期未來寫作能力的重要性絕不亞於主要學科。還好，安如老師沒有讓大家等太久，她在不到半年的時間內，又整理出這本中學生自學的作文指引，適合即將面臨會考的青少年獨立修習。在本書中，安如老師從「主題課程」及「寫作觀念交流」開始，提醒學生在寫作之前如何定調主題，如何「備料」，然後再透過「密技大公開」提供更多的寫作技巧，並熟悉「佳句補給」，最後再「為作文鑲上鑽石」，並以「修辭一點靈」，讓文采突顯。尤

其,擅長與孩子溝通的安如老師,會列舉各種不同的寫作小毛病,提出老師的「OS」意見,讓學生自己檢視在寫作過程中,到底是哪個環節出了問題?

有了這麼一本實用又易讀易懂的工具書,我相信只要孩子們有機會打開這本書,必能「看見」作文的豐富面貌,從容地優游作文天地。這本書也像是給有心寫作的大人容易上手的食譜,若能按照「安如師」的步驟提示,多加練習,一定不難炒出一盤又一盤色香味俱佳,擺盤優雅,並且食之有味的「作文好菜」!

小兒科醫師、花蓮新象社區交流協會創辦人、前新象繪本館館長　陳麗雲

本書使用方法

親愛的同學，很高興你拿起了這本書開始翻閱，這代表了你希望加強自己的作文程度。當你自發地翻閱這本書時，我相信你是有決心拿高分的孩子，我也相信，藉由這本書，你一定能夠拿下高分，只要你願意乖乖配合書中的步驟，一個單元又一個單元的練習，你會發現：原來寫作這麼容易！

首先，我寫這本書的目的不是讓你拿來「助眠」的，所以我不會在書中跟你談艱澀的學問，也不跟你談太難的專有名詞，因為我很希望你在閱讀本書時，能夠感覺得到我就在你的面前碎碎念，所以也請你保持輕鬆愉快的心情來翻閱這本書。因為我始終相信，靈感是在心靈自由的情況下出現的，當你的心情緊繃、感覺到壓力，而且這股壓力讓你產生抗拒感，我不認為這樣的情緒能讓你寫出什麼太令人驚豔的佳作。

一直以來，來上我的課程的學生都是很「享受」上課的「過程」的。因為我的課程並不太容易讓學生覺得他們「正在上課」，我不會講太難太高超的學術名詞來嚇學生。作文，應該是屬於生活的，我只是讓我的學生知道，其實生活中所有的素材都可以成為寫作的材料；而且，寫作應該是自由的、是心靈的。我看過太多的學生，一開始在面對作文時，僅能寫出「一些些的字數」，甚或幾乎沒寫幾個字，而這些「寫作有困難」的學生大部分的狀況其實是：不敢寫。

也就是這些同學常常會畫地自限，認為這個題材不適合寫進作文中、那個題材也不適合寫進作文中。

其實，寫作真的沒有那麼困難，寫作是很好玩的一件事。

現在，就請跟著我一起領略寫作的樂趣吧！

本書一共分為八堂課，每一堂課都設定了「學習目標」，希望提醒同學注意。每堂課的課程內容，則可以區分為【主題課程】、【寫作觀念交流】、【密技大公開】、【寫作材料庫】、【佳句補給站】、【為作文鑲上鑽石】、【修辭一點靈】、【頒獎時刻──金筆獎】等單元，以下逐一介紹：

【主題課程】

該單元是模仿會考作文的出題形式，亦即一道題目搭配一段說明文字進行五十分鐘的作文考試。所以，同學除了在一開始練習寫作時，可以詳細閱讀每堂課的觀念說明，並參考下列【寫作材料庫】、【佳句補給站】等單元外，也請你務必在「考前」，嘗試只看「題目」及這段「說明文字」，而不看書裡的其他內容，「限定五十分鐘」自己來練習看看，才有辦法多增加「臨場」的作文考試經驗。

【寫作觀念交流】

該單元是屬於「課前討論」，我會與同學進行一堂無聲的心靈課堂講座，提示及引導各位同學如何書寫作文，以及作文書寫時必須注意的事項。

XXI　本書使用方法

書中有多處使用了ABCD等代號作段落區分，這都只是代號方便分辨是不同作者所寫的段落而已，請不要誤以為ABCD等代號是指固定的人物喔！

【密技大公開】
寫作考試形式的作文難免需要一些小技巧，在這個單元中，老師會提供同學一些實用的寫作技巧，但不會去討論艱澀難解的理論。你只要耐心閱讀完，相信就能夠確實掌握這些作文密技喔！

【到底要加什麼料】
寫作文需要書寫的材料，如何「選材」更是關鍵。所以這個單元主要是引導同學思考有哪些材料可以書寫。老師會視各個題目不同的需求，提供你可以入題的人、事、物或觀點。

【佳句補給站】
這個單元提供同學一些名言以及優美的佳句作為寫作素材，希望同學每一次練習作文時勉強自己套用一兩句，以三句為上限。每一次練習都使用，相信久而久之，同學不需要死背也能夠活用於作文之中！

【為作文鑲上鑽石】
這個單元提供了適合於每一堂課程主題的詞彙。同學在寫作程度上的差別，通常從詞彙的運用可分出高下。這個單元就是為了加強同學們的詞彙運用。在每一次寫作練習時，請強迫自己運用六至八個詞彙。長期下來，相信你遣辭用句的功力一定能夠大增，希望同學秉著良心，誠實地做到。

【修辭一點靈】

這個單元提供簡單的修辭講解及例句。多數的例句相信同學在課本或參考書上已看過不下數百遍，雖然同學跟這些例句都很熟，但可能也只是最熟悉的陌生人，你或許從來沒把它們放進你的作文生命裡。這裡所提示的修辭法，目的不是讓你覺得自己在上正經八百的國文課，而是老師衷心期盼你在每一堂課的練習中，都記得要運用修辭在文章中。

不過，這本書中所提供的八種修辭，不見得每一種都很容易使用在文章中，如果你能夠好好的使用「譬喻法、排比法、轉化法」等三種修辭，我就覺得你很了不起了！順帶一提，寫論說文時，如果知道怎麼運用「映襯法」，會很吃香喔！

【頒獎時刻——金筆獎】

每一堂課最後，老師都會提供同學三篇寫得不錯的範本。

或許有一些作文，你會覺得有一點邏輯不通，或是在詞彙運用上有點怪怪的，那是因為這些作文都是我作文班上的學生，在限定時間五十分鐘內完成，而且基本上都是未經老師修飾過的作文。這樣作法的目的，我是希望同學能夠確實去感受、比較一下，同樣是國中生在限定時間內完成的作文，到底能寫到什麼程度，而自己與他們的差異如何。

但老師希望同學在練習寫作前，還是先「暫時裝瞎」，別看這些文章，因為那會影響到你的思考，更會局限你寫作的方向，永遠要記得：書寫是自由的，別在還沒飛向天空前，就先把自己關進籠子裡。

報告完畢！

中學生寫作常見問題

01．寫作時常常在文中寫出這樣的句子：「您說是嗎？您也是這麼認為的吧！朋友，我們一起來吧！」

很多學生在作文中常常喜歡與「閱卷老師」稱兄道弟作朋友，就以〈我愛運動〉這道題目為例，很多學生寫出了這樣的句子：

運動對我來說，已經是生活中不可或缺的一帖良藥，將我疲累不堪與困頓的心治癒完好，運動更是我最好的朋友，陪伴我走完人生這段路。所以朋友們，盡情去運動，享受生命的最後一刻吧！

首先，我們姑且不論這位同學是在交代遺言，還是在預告著世界末日的來臨，寫出了陪伴我走完人生這段路及享受生命的最後一刻這種驚悚預言外，使用了「朋友們」，基本上就是不太好，真的會讓閱卷老師心想：誰跟你是朋友啊？別來跟我稱兄道弟！

所以，千萬別跟老師裝熟，不然，每次寫作時出現這種句子時，都會惹來閱卷老師的反感，心想：我跟你很熟嗎？誰是你兄弟？

陳安如老師的高分會考作文課　XXIV

我們再看另一位同學所寫的〈我愛運動〉：

運動是生活中的一部分，駕馭了它，使生命充滿希望。一點一滴的汗，都是辛苦的結晶，一個個的傷口，都是奮鬥的過程。朋友，你準備好要再戰一場了嗎？

這位同學的文字駕馭能力不錯，書寫上也沒有大問題，壞就壞在最後又使用了朋友們，你準備好要再戰一場了嗎？運用這樣的熱血的文字和閱卷老師做朋友，老師心領了，但批改作文時，我建議這位同學，既然你強調的是「再戰一場」，那倒不如不要使用「朋友」兩字，而改以「戰友」來做呼告，會比較不容易被討厭。

很多同學在書寫作文的最後一段喜歡熱切地呼告，運用文字上還是小心為妙，盡量別再出現：「朋友們、兄弟們、同學⋯⋯」這樣的稱謂。

甚至，我還曾批改過國中學生這樣書寫最後一段：「孩子，你能懂嗎？你能明瞭這世界的殘酷嗎？」

唉！我無言。

02・多愁善感，常常寫愛情入題。

十來歲的年紀，正是學生愛情萌發澎湃的階段。

寫作文，除了應付考試之外，很多同學把書寫作文作為情緒抒發的出口。

當然，這是件好事。

只是目前同學的生活圈不大,除了讀書上課外,令生活多點趣味的,就是嘗嘗愛情的愁了。

所以不少同學總喜歡藉由來作文班每週一次的書寫,宣洩心中澎湃洶湧的情感。

就像是〈老○○〉這道題目應該是書寫陳舊的事物,帶給我們無盡的懷念,多數學生寫的不外乎是〈老街〉、〈老沙發〉、〈老房子〉等題材,卻總有學生會寫成〈老情人〉這樣的題材。當然,內容是感傷已逝的愛情,感嘆老情人的變心無情。

或是〈常常,我想起那雙手〉這樣的基測題目,多數學生是以父親母親的手,或是幫助過自己的那雙溫暖的手為題材書寫,但總有學生會把情人的手寫入題,寫那雙曾經為她發下山盟海誓的手⋯⋯。

又或是〈我和我的好朋友〉要讓學生書寫和朋友之間所發生的大小事,也有人能夠寫成〈我和我的女朋友〉這樣的愛情喜劇。

老師要說的是,你真的沒材料好寫,非得寫愛情入題,如果能針對「主旨」做書寫,只要能夠寫得好又不離題,我絕對沒有反對的理由。

但讓愛情入題,最冒險也最危險的是很多學生在書寫時,寫著寫著情緒猛然湧上心頭,過去的現在的愛恨嗔痴全都噴發,搞得自己書寫時也忘了題目在問什麼,把稿紙當信紙,把閱卷老師當情人。寫著寫著完全離題,如果愛情剛好沒什麼好下場,還會在文中指著閱卷老師的鼻子罵:

「哼!你這個負心漢!」

03.聯想力消失,寫出無聊的譬喻。

針對想拿下五六級分的同學,建議你一定要把「轉化法」學好。

為什麼呢?

很多同學會說,轉化法好難喔!我不太想用轉化法在作文裡,要花很多時間去想耶!用譬喻法好不好啊?譬喻法簡單多了,我比較會用譬喻法!

確實,國中生多數都很熟稔譬喻法的運用,但我不建議你們用譬喻法。因為到了國中的階段,你們邏輯性告訴你們這樣想太誇張,那樣想太扯,想像力慢慢消失了,其實很難寫出什麼令人眼睛為之一亮的譬喻法。

不然,我出一道題目讓你們想想看。

如果題目是〈想念〉,你要怎麼使用譬喻法為〈想念〉寫開頭第一段呢?多數的同學寫〈想念〉這道題目,使用了譬喻句作為文章的開頭,但寫來寫去卻都大同小異:

想念是一種難以啟齒的言語,是一種你想忘也忘不了的回憶,是一種存放於內心深處,一部不停播放的電影⋯⋯。

想念，對每個人來說是不一樣的，想念的心情像雨水，太多太少都不好；也像抽獎一樣，有驚喜也有失望；又像裝滿東西的抽屜，一打開回憶又滿了出來。

想念，是一種每個人都會有的感覺，想念的心情像一道鎖，打開後回憶傾瀉出來，想念像一本相簿，裝滿著回憶。

看到了嗎？多數的人的想法都很接近，你想得到的，別人也想得到，寫來寫去都是類似的想法，這樣的文章不容易使人有新鮮感，自然也拿不到高分。

要讓自己的作文漂亮，首先得先學會運用「轉化法」，那麼，就算你的譬喻聯想能力沒有辦法吸引人目光，也能使用「轉化法」來扳回一城。就像下面所列的例句：

想念，有如穿梭在時空中的小精靈，帶著我一次又一次的進入那些年的時光裡，看著近在我眼前的回憶，想伸手去摸，但它又離我遠去⋯⋯

這個句子一開始用小精靈來譬喻想念的情緒，接著，發現他運用什麼修辭嗎？沒錯！就是轉化法，他運用轉化法讓小精靈帶著他回到那些年的時光裡，而那些回憶，讓作者想伸手去摸，卻又摸不著⋯⋯，這是一個多麼真實又虛幻的描寫啊！充滿電影情節的畫面，好美。

想念，是種感傷的思緒，使我們在一時之間陷入了懷念的河流中，久久不離去；想念，是一列時空列車，載著我們回到名為「當年」的車站。

作者一開始描寫想念是一種感傷的思緒，這裡寫得很普通，但是他將下一句想念譬喻為一列時空列車，載著我們回到名為「當年」的車站，這寫法真是太強了！有強烈的視覺感和很濃厚的懷舊感，先寫了譬喻，後面又用轉化做書寫，很棒吧！

轉化法，確實能夠使平順的句子轉而改變，給人不同的感受，相較於譬喻法書寫起來給人大同小異的感受，轉化法確實讓文字展現出生命力！

再不然，看看這例句，同樣是書寫〈想念〉的開頭，但直接使用轉化法，展現出不同的場景畫面：

站在回憶的角落，風輕拂過我的臉頰，我呼喚著，希望風，把對它的思念帶走，別再留在心中。想念，就如秋風中的落葉，在我心頭盤旋，不斷、不斷地，將我兒時的故事喚起⋯⋯

還有這句：

翻開相簿，頭腦裡的回憶錄正在倒轉，那忘不掉的故事在我的腦海裡重複播放，

04.書寫結尾時希望能夠鏗鏘有力,所以常常把結尾寫得正義凜然。

通常書寫時會犯這種毛病的同學,往往都是寫到結尾時發現自己也沒什麼東西好寫,又得逼自己好歹寫個結尾,然後又想起老師說過結尾盡量要強而有力一點,於是常常會把「康莊大道」或「邁向成功的路途」這種句子放在結尾。

我常常在作文中看見這樣的內容,無論是書寫〈最美的東西〉這種題目或是〈發現幸福〉這種抒情優美的題目,總會看見這種句子:

只要找到心中最美的東西,就能走向幸福的康莊大道!〈最美的東西〉

彷彿要讓我好好回憶過去,它特別把速度放慢,但我永遠無法做到,無法坐著好好回憶,好好欣賞過去的往事……

直接使用轉化法,可以營造出有別於一般同學直接用譬喻法書寫的風貌,而在開頭就用轉化法書寫,更能經營出一種迥異於他人的寫作風格。

老師OS:
什麼事情都要扯到康莊大道,是不是沒材料好寫了?

人生路難免有苦痛，但只要懂得珍惜幸福，我們就能一起步上那崎嶇不平的康莊大道！〈發現幸福〉

老師OS：
康莊大道是會崎嶇不平的嗎？

很多同學都會犯下這樣的錯誤，也有同學寫〈想念〉這道題目時，結尾書寫了：

拋開想念的淚水，抬起頭往前看，只要有勇氣，我們就能走上成功的巔峰！

真的是……非常會扯！

還有這位平時程度很好的同學，針對〈我愛運動〉這活潑可愛的主題，他卻寫了這樣的結尾：

桌球，是我的最愛，當我專注地凝視著充滿魔力般的橘色小球，一乓一乓、一來一往地跳動，此時不妨來顆殺球，更讓喜悅躍上心頭。運動像齒輪，帶動規律人生的運轉：運動如宗教般，讓人寄託希望、沉澱心靈，引領我們走向康莊大道！

XXXI 中學生寫作常見問題

05.絕對不要沒事找事做，去挑個接也接不下去的題材，那是搬石頭砸自己腳。

我知道很多同學在寫作文時常常會遇到一種困難，就是寫到一半接不下去，又因為接不下去，只好匆匆作結，打上句號，然後換下一段書寫，但這樣書寫出來的內

真是讓人看了忍不住說句：唉唷我的媽呀！凡事一定要這麼「功利主義」嗎？連打球都得走向成功，迎向康莊大道才有意義嗎？

當時我問這位書寫〈我愛運動〉然後鬼扯到走向康莊大道的同學，明明是書寫運動，怎麼可以還扯到康莊大道？該怎麼辦呢？

我強迫他改掉康莊大道，免得使文意模糊。他回到座位上思考一陣子後，交出了改寫過後的作文：

桌球，是我的最愛，當我專注地凝視著充滿魔力般的橘色小球，一乒一乓、一來一往地跳動，此時不妨來顆殺球，更讓喜悅躍上心頭。運動像齒輪，帶動規律人生的運轉；運動如宗教般，讓人寄託希望、沉澱心靈，引領我們走向健康的道路！

發現了嗎？他其實只改寫了四個字，將「康莊大道」改寫為「健康的道路」，可是整個收尾都切合了主題〈我愛運動〉，也不會又和名利功成沾上邊，這樣寫來就好多了吧！

06. 知道寫作文字數多很重要，但是就是辦不到，總是寫不了太多字數，怎麼辦？

字數要夠多，是很重要的一件事。

問題是，很多同學都知道字數要多啊，但就是寫不了那麼多，該怎麼辦啊？

我想，你心裡有答案。

言歸正傳，「留後路」到底是什麼意思呢？

寫作文時，很多同學會去寫出一些讓自己好難接下去的句子，這種行為，就叫「自找死路」。因為會考作文的寫作字數很重要，如果說今天兩篇作文做比較，兩位作者的寫作能力相當，字體看來也都容易辨識，各方面皆不相上下，但閱卷老師必須在兩篇文章中擇一高下，這時，老師會把高分給寫得多的同學，還是寫得少的同學呢？

以〈我愛跑步〉來談，基本上這是一個很廣的題型，所以你在書寫時得針對跑步來寫，而〈我愛運動〉則可以針對各類型運動項目書寫，只要把握住「愛運動」的原則，就能掌握住基本分了。

容，往往會給人一種跳躍不通順的感覺，那該怎麼辦呢？

這裡提供一個好方法，你在書寫作文時，要學會給自己「留後路」，什麼意思呢？我們來看看下面的例子。

如〈我愛運動〉，跑步是運動的項目之一，所以你在書寫時得針對跑步來寫，而〈我愛運動〉則可以針對各類型運動項目書寫，只要把握住「愛運動」的原則，就能掌握住基本分了。

來來來，不急。我們來看下面的句子吧！

當我們寫〈我愛運動〉這道題目時，我們就要鋪「哏」給自己，也就是給自己留後路，怎麼鋪呢？

可以這樣寫：

所有運動裡，我最喜歡球類運動。

你想想，這句子好不好接？容易不容易順著句子繼續寫下去？當然容易。

後面很自然地就可以介紹「各類型」的球類運動。

然後你就可以寫：

舉凡足球、網球、排球、躲避球、棒球……都是我喜歡的運動類型。

哇喔！輕輕鬆鬆就能夠寫出很多字數。

還沒看懂嗎？

那我再舉一個例子喔！

每一種運動,都能帶來不同的好處。

想想看,怎麼接下去寫呢?

當然是寫各類型的運動,分別能夠帶來哪些好處啊!而且這時我們就得使用「排比法」來整理歸類這些運動的好處了!

就像這樣:

拳擊,加強了我的專注力;體操,延展我們的筋骨;游泳,強健我們的心肺;騎腳踏車,促進我們的血液循環。

這樣寫,是不是就容易讓自己接著繼續寫,而運用排比句,也能夠讓內容條理分明又具說服力?

再做一次整理,讓你能夠更容易理解。

「所有運動裡,我最喜歡球類運動。」→這種句子等同於節目主持人。

「舉凡足球、網球、排球、躲避球、棒球⋯⋯都是我喜歡的運動類型。」這是節目來賓,一一被介紹出場。

「每一種運動,都能帶來不同的好處。」→這種句子等同於節目主持人。

「拳擊,加強了我的專注力;體操,延展我們的筋骨;游泳,強健我們的心肺;騎腳踏車,促進我們的血液循環。」→這是節目來賓,一一被介紹出場。

但老師要提醒的是,有一種同學覺得這種寫法真是太簡單、太容易湊字數了,結果寫出了這樣的句子:

所有運動裡,我最喜歡球類運動。舉凡足球、網球、排球、躲避球、棒球、乒乓球、壁球、籃球、巧固球、曲棍球,甚至是眼球運動,我都喜歡!

這⋯⋯一看就知道是為了湊字數吧?這樣寫,怎麼可能拿高分呢?

以上,都是同學們在寫作時常發生的問題,但在我眼裡看來,都不是問題,因為我相信,只要你認真讀完這本書,你都可以避免誤踩這些地雷區,安全闖關喔!

現在,請你抱著「必勝」的決心,努力練習吧!

陳安如老師的高分會考作文課　XXXVI

第一堂課
一個人的夜晚

【學習目標】
- 在真實事件中添加誇張的感受
- 用「埋兵伏將法」寫開場白
- 轉化法

主題課程

一個人的夜晚

說明：

在一個人的夜晚，你會選擇做什麼事呢？一個人的夜晚，心情如何呢？是開心、興奮？還是緊張、不安，感到孤獨與恐懼？請就題目分享你的生活經驗，寫下難得的〈一個人的夜晚〉吧！

寫作觀念交流

想拿高分，〈一個人的夜晚〉是十分重要的練習題。

首先，請你先想想，一個人的夜晚到底有什麼好寫的啊？還真沒什麼好寫的。

不外乎就是寫出家人都不在，只剩下你一個人在家的情形。

好吧！

家人都不在，你一個人留在家中，為什麼？

為什麼不跟著出門呢？

什麼原因留在家中，能不能寫？

當然能。

但要寫很多「原因」，或把「原因」寫得很仔細嗎？

當然不！

題目又不是〈一個人在家的謎之音〉。

那還能寫什麼？

簡單。

趕快動動你的大腦，想想你平常一個人躲在房間到底在做什麼？

寫功課？背書？準備隔天的考試？

畫畫、聽音樂、打電動？

跟同學玩LINE？上IG忙社交？

這些都能寫。

但要記得，沒有人想看一篇乏善可陳，純粹記敘事件發生經過的作文。

大家對於別人的「感受」、「想法」會比較有興趣點。

因為「**經驗人人有，感受都不同**」。

所以你得簡單告訴我們你的經驗，然後大大地渲染你的感受，讓我們讀者也能引起共鳴，這才了不起。

看看這位同學怎麼寫他一個人的夜。

一個人的夜，坐在書桌前，聽著令人心曠神怡的爵士樂；在咖啡的濃香裡，我打開了已翻到有些殘破的課本。在孤寂的夜裡，這一盞微弱的小燈陪伴著我；原本因恐懼而焦慮的心，漸漸地平復了下來，心裡是一片澄明而平靜的湖水。為了戰勝孤單的情緒，我大聲朗誦課本中的內容；黑暗的夜空，在此刻令人有一種祥和與寧靜的感覺。

一個人坐在書桌前的經驗，每個人都有。

為了熬夜而沖泡的咖啡，每個人都喝過。

為了考試成績而讀到熟翻到爛的書，每個人都摸過。

然後，最好你爸媽會為了省電費不管你的視力健康而點一盞微弱的小燈陪伴你。

那幹麼這樣寫？

裝憂鬱嗎？

不是。

是為了強調出一個人的孤寂感。

看看這位同學有多厲害，先是用了排比法描寫出自己在夜進行了哪些事，然後又用轉化法強調出一個人的孤寂感。

甚至這種因為恐懼而刻意大聲朗誦課本以便嚇跑躲在旁邊真的鬼或是內心的膽小

鬼的做法還真能夠引起讀者的共鳴！（好一句一氣呵成的話，小朋友千萬不要學！）

多數人對於一個人能夠獨處的時刻感到特別開心，想想你們國小時也是如此。

爸媽一不在家，第一個浮上小腦袋瓜的是：喔耶！自由了！

然後偷看電視、偷看電視、趕快翻出評量答案猛抄媽媽要你自己完成的評量作業、打電玩的打電玩、胡作非為的胡作非為⋯⋯

直到時間一分一秒的過去了，咦？爸媽怎麼還沒回來。

自由的快樂慢慢淡去，開始緊張了。

突然間又看到窗簾被路過的風輕輕吹起。

你，不禁疑神疑鬼起來⋯⋯

於是，快樂的情緒消散，轉而為害怕，一個人，在夜深時，特別感到不安。

（看到沒？這也是「轉折」喔！趕快學起來！可以先翻到第二課的〈發現幸福〉，裡面有詳細的解說。）

這個同學就寫出了他的感覺：

在這四處漆黑的夜晚，夜風颼颼地吹進了我的房間，窗簾隨著風飄了起來，我害怕地用最快的速度把窗戶關起來。雖然沒有了風，但是在安靜的房間裡，我感到無助、寂寞；因此，我打開小提琴盒，讓我的琴聲陪我。那熟悉的旋律，讓我變得有安全感，使我甩開了這寂寞的黑夜。

005 第一堂課 一個人的夜晚

看到這裡可能有同學會嗤之以鼻地想：拜託，又不是三歲小孩子，一個人的夜有什麼好怕的？

不好意思，這邊告訴您，我都國中了，一個人的夜有什麼好怕的？

情，請開始召喚您小時候的恐懼吧！趕快讓自己回憶起童年一個人在家的經驗吧！

如果你不能夠結合「現在的心情」，誇張「童年黑夜的恐懼」，那麼你是寫不出有渲染力，以及引起人共鳴的文章的。

還是，你覺得寫出「一個人的夜，好Happy！」這樣的文章比較有說服力？

如果你的的確確就是對於一個人的夜晚感到很Happy，那麼你也可以書寫方向定為：享受一個人的夜晚。找一個好發揮的，就對了！

只是在書寫時，也務必遵守「誇張化」享受一人在家的感受，才能說服人心。

而且務必在下筆前思考，到底寫「享受」能「扯」得比較多，還是寫「恐懼」能辦得比較多。

並且請你絕對一定要記得一件事：寫作文，本身就是有虛有實。文章中總要虛實相間。

有老實的同學說：寫了虛的東西，那不就是說謊？

陳安如老師的高分會考作文課　006

不好意思，如果抱持著這種想法，想想看，那每個文學家都是說謊家了？

我們要學會：

在「真實的事件」上添加「誇張化的感受」。

事件是真實的，感受⋯⋯可以有一點點假。

可能你不認為一個人的夜晚究竟有什麼好怕的。

但是，如果你不往這樣「比較好書寫」的方向去寫，恐怕你只能寫出這樣有著「真實的情境」與「真實的想法」的作文了。

請看！

越來越晚了。到了夜晚，家人都還沒回到家裡，在這個特別的夜晚，什麼都可以做：玩電動、看電視、晚上看小說⋯⋯通通都可以。我拿起考卷開始寫。聽著音樂，快樂地寫考卷；慢慢地，我的音樂播放器也沒有電了。一個人的夜晚，很不賴！夜越來越黑，我也累了，眼皮漸漸闔上，家人都還沒回來，我則自行入睡。

這位同學真是個老實的傢伙啊！

把一個人的夜晚真實情景加上真實的感受描寫出來。

確實每個人的夜晚都是如此度過的，但這樣一寫，真是看了令人打呵欠，也想跟著他入睡啊！

所以同學，是不是偶爾做個誇張的人，誇張化一下你的情緒和感受呢？

就像這樣：

一個人的夜裡，是多麼的煎熬，只有救護車的嚎叫，劃破了夜的寧靜。突然覺得：空虛，空氣中滲透；恐懼，無意間開始蔓延。美麗的音樂盒，不再歌唱，而是魔鬼在背後的尖叫聲；透著冷光的鏡子，此時也在嘲笑我的膽小，映照出膽怯的我。腦海裡浮現出可怕的影片段落、微弱的燭光，讓恐懼昇華，我，只能緊抱著棉被，來掩飾我的恐懼。青蛙的鳴叫，唱出巨大的悲哀，輕輕地訴說絕望的心情；水滴中，帶有無限的苦，包覆在心裡。蟬鳴，已沙啞，顯出壯闊的生命力；繽紛的花草，含淚入睡，月光灑在湖面上，是這夜曲的尾奏，淡淡的，帶點清香。繁星在天上玩耍，而我，卻被禁錮在這監牢裡，我，渾渾噩噩、不知所措，這夜，真難熬。

夠誇張了吧？
趕快學起來！

> 密技大公開
>
> 課堂上所有的孩子一旦寫了這個題目，從此以後就懂了該如何運用最容易拿下高

分的轉化法於作文之中，怎麼可能？讀完再說！

看看下面幾個很棒的段落：

A同學

當深黑濃墨潑灑在天空的畫布上時，遼闊的蒼穹裡，只剩下了點綴黑夜的星斗。萬籟俱寂，一大片黑暗的寂寞，滲進了臺北的每一個角落：一場寂靜而漫長的黑夜，便就此展開了。

B同學

夜，象徵著孤獨，仰望蒼穹，微風輕輕吹拂，夾帶著千言萬語，唱出孤寂的心聲，讓心靈悸動。動人的旋律，把眼淚串成一條項鍊，躲在牆角，那壓力，覆蓋在身上，我，想大聲怒吼，想逃離孤獨的泥濘；但，越陷越深，把我吞噬。

C同學

夜幕降臨，黑暗吞噬了大地，籠罩著一股神祕的氣息。抬頭仰望著蒼穹，星子散亂地點綴著，靜靜地、悄悄地將寂寞送往我們身邊。在這漫長的黑夜裡，孤獨將陪伴著我。

009　第一堂課　一個人的夜晚

D同學

夜晚來臨時，天上只剩下月光以及寥寥可數的星星。在那一剎那，邪惡和恐懼開始四處亂竄，但也傾訴著夜晚的樂章即將開始演奏。

E同學

月光，漸漸吞噬了蒼穹；隨之而來的，則是那漫漫的，長夜。

F同學

夜，拿著黑披風覆蓋大地；夜，裝扮成死神，讓人多了一份畏懼；夜，使壓力催化成無窮無盡的恐懼。

G同學

夜，吞噬了聲音，帶來了寂靜。月和星，於黑夜中竄出些許的光芒；風，吹過了樹梢，發出令人恐懼而細微的聲音。

H同學

當夜空將大地覆蓋的那一刹那，孤獨和無助的枝芽開始快速生長，預告著夜色的樂章即將開始演奏。

這八段開頭都很不錯，共同點在於都使用了轉化法，因為使用了轉化法而使得文字生動了起來，畫面感濃厚，彷彿黑色的夜晚向我們撲蓋而來，強化出一個人的靜寂感，只剩夜、星月與孤獨陪伴。

有同學看到這裡可能會問：只能夠使用轉化法寫作嗎？

嗯，我只能夠回答，用轉化法寫作，眞的是最簡單也最容易拿下高分的寫法。當然同時要搭配很多其他的要素完成，才能夠拿下高分，不全然通篇文章使用了轉化法就能拿下高分。

例如有同學也使用了轉化法寫作，但整篇文章流露出一種無可救藥的幼稚感。

就像這個例子：

晚上到了，月亮姑娘從她的白日夢中醒了過來，星星小妹們編了一個黑色大網子，把天空用星星大網蓋著。貓頭鷹們「嗚──嗚──嗚──」的叫著，青蛙們「嘓──嘓──嘓──」的叫著，這些稀奇古怪的聲音，好像永遠不會停止似的。

真是太可愛了，但是國中生這麼寫，是不是有點不恰當呢？

而另一種同學則喜歡用設問法寫開頭。

每當寫作主題與「生命」有關時，我最常被學生教訓：

生命是什麼？你懂生命是什麼嗎？你懂生命的意義嗎？你是人生父母養的嗎？如果是，你現在就去追尋你的夢，你要勇敢出發！

看吧！使用設問法一定要小心，因為使用設問法寫作通常容易使讀者有一種「被訓話」的感覺，常有同學會寫出「指著別人鼻子訓話」的姿態，令閱卷老師讀了感覺怪怪的，好像自己才是學生而不是閱卷老師。

很多同學會反問我：「可是國文課本上很多篇文章都是這麼寫的啊！」

沒錯！

但請同學想一想，我們的國文課本所選的文章通常會富有「教育」意味，所以使用「設問法」做開頭，來「教導」學生是很合理的，若是我們也用「設問法」寫作，「反問」閱卷老師問題，是不是有一種不禮貌的感覺呢？

回到主題。

我們來看看這兩個段落：

一個人的夜晚，你是否感到恐懼的魔鬼正朝你一步一步的靠近？一個人的夜晚，你是否看見天上的星星化為一把一把的利刃朝你飛來？一個人的夜晚，你是否瞄見烏雲後的嬋娟姑娘正對你露出可疑的微笑？很多人都害怕在月黑風高的晚上獨自在家，你是否也有同感呢？

黑暗，占據了蒼穹。夜晚緩緩地降臨，寂靜的家，只剩我獨自一人。夜風颯颯，我守著這得來不易的靜夜，寂寞卻竄進我的心頭。

這樣一比較起來，是不是使用了轉化法的句子，顯得既成熟，又有意境？

另外，老師一定要提醒你的是，這篇文章的寫作重點在「一個人」於「夜晚」時的「心靈狀態」。具深度思考能力的你，除了從孤單一人的夜晚做聯想外，去談星、月與蒼穹的狀態，去談寂寞與孤獨外，還要學會運用大量的動詞來活化自己的句子，搭配使用修辭法，例如：我甩不開這寂寞的黑夜，這樣的句子，是不是讓整篇文章頓時風景流動，充滿可看性了呢？

到底要加什麼料

這個主題最難寫的地方就在於：到底要寫什麼東西啊？

如果你是程度普通，只要作文能拿到及格分數的孩子，那麼你可以使用「開門見山法」，一開場就講清楚你的想法你的主旨。

但是，如果你自覺作文程度不錯，希望能夠拿下最高分，那麼我建議你，寫作時一定要使用「埋兵伏將法」，開場白一定要鋪「哽」（念ㄍㄥ，很多人寫「鋪梗」，但梗字是錯字喔！），第二段才切入重點。

看到這裡，先簡單說明什麼是「埋兵伏將法」。

「埋兵伏將法」（冒題法）是相對於在作文第一段就點出主旨的「開門見山法」（破題法）。

例如：〈快樂是什麼〉這道題目，第一段就講明白文章的主旨及作者觀點的一種開頭法。

「開門見山法」是在第一段就寫明白文章的主旨及作者觀點的一種開頭法。

若以「埋兵伏將法」來寫〈快樂是什麼〉，那就是第一段先寫一些有的沒的，寫出很漂亮的「鋪陳」，但不講明白作者心中的快樂是什麼，而是在第二段甚或更後面的段落才寫出來「作者心中的快樂」，這就是埋兵伏將法。

但是老師在這裡強烈呼籲，同學們一定要第二段就點題講重點，才不會發生「入題太慢」的危險喔！

基本上，我建議程度普通的同學，如果你真沒把握寫作文，那麼你是可以用「開門見山法」來寫開頭，這樣比較不會離題，但這種寫法寫來總會有點……無聊。

而對於寫作挺有信心的同學，文字駕馭能力高的，我則建議你最好就使用「埋兵伏將法」，來寫作文，這樣一來，第一段可以先鋪陳，第二段才切入重點，可以寫更多，也較容易寫出有「層次感」的作文。

再回到主題來看。

〈一個人的夜晚〉，的開場白要怎麼寫呢？

若你一開始想不到可以寫什麼內容，我們可以先從題目做分析。

既然題目中有「夜晚」，在腦袋空空不知道該怎麼寫第一段時，就先描寫夜晚吧！

A同學的第一段

像這幾個段落，都是不錯的「開場白」。

當夕陽漸漸被夜吞噬之際，一場屬於星空的饗宴便開始了。窗外一盞盞的夜燈，

B 同學的第一段

風，颯颯地吹，吹散了無盡塵世浮華，吹撒了成堆街頭喧囂；四下寂靜地詭異，淺淺默默，那一迷濛的月光斜灑在我蒼白的臉龐上。這徹夜難眠、孤獨難耐的夜，我望著那月落參橫的蒼穹，緩緩地，潛入了最深的自我⋯⋯

C 同學的第一段

當夜幕低垂時，萬物安靜了；仰望蒼穹，盡是星河璀璨，有如梵谷的星夜般，將我的思慮流轉成綿密的細絲。那是有些孤寂的藍，但卻能使心靈緩緩沉澱下來。

接下來，第二段及第三段，就開始可以寫在一個人的夜晚，你會想什麼、做什麼了。但在書寫時，務必了解一件事。

〈一個人的夜晚〉依常理判斷，會是要我們寫出一個人靜下心來沉澱自己的時刻，有些同學偏好寫出與他人不同的寫作題材，比方說會寫一個人走出家門在夜晚逛大街的內容，或是一個人在家中狂打電動、偷看電視一整晚的情景，這些寫法都是比

為這夜添加了一絲的明亮；夜風颯颯，交響樂就此展開。不知不覺，皓月高掛，星斗滿天，夜之女神正式來臨。

較危險的寫法，一來是不容易寫出美感，二來是很容易偏離主題，所以建議同學盡量往內心寧靜沉澱的方向寫起，可以書寫一個人靜下心畫畫、閱讀、胡思亂想或是熬夜讀書等內容。

而且請務必要注意一件事情，有些同學書寫時會強調「自己一個人在房間」，然後還交代讀者「家人都在客廳或早已入睡」等內容，這樣的寫法其實畫蛇添足，書寫時可以避免再去談及其他「人類」的存在；甚至有同學書寫時寫道：「媽媽送了一杯熱牛奶給我後又出我的房門，我又進入了一個人的狀態。」這種內容都要避免喔！

我們再來看看，若沒有好好安排段落，會發生什麼樣的「慘劇」呢？

很多同學一開始在毫無準備的情況下寫這個題目時，常常會寫出「很乾」的文章，什麼意思呢？

就是缺乏想像與情感，然後硬湊亂塞一些東西七拼八湊起來的文章。

〈一個人的夜晚〉

那天晚上，家裡特別的安靜，我甚至彷彿可以聽見桌上那群圍在水果旁的螞蟻在交談。爸媽出國玩了，已經大學的姊姊今晚不知道有什麼活動，今晚就只有我在家，度過這漫長的夜晚。

老師OS：

一開頭的寫法就已經出現敗筆。為什麼〈一個人的夜晚〉要扯到螞蟻的身上呢？還聽到他們在交談？雖然是為了交代一個人在家的原因，但寫起來完全沒有美感。

我拿了媽媽留下來的伙食費，隨意買了東西吃，正在回家的路上，手機突然響起，打斷我思考接下來該做什麼事。原來是我的麻吉打來，問我要不要出去玩，我心想：既然是我一個人看家，倒不如和朋友出去還比較好。於是我就和她一同到了晚上也熱鬧的臺北車站。我們逛了一圈又一圈，買了些衣服，最後還跑到新光三越的金石堂看書，我從來沒有那麼開心過。不過一方面又有點擔心，如果姊姊回來時發現我不在家的話，我就澈底地完蛋了。於是，我匆匆和朋友道別，以有如高鐵時速三百公里的速度衝回家。

老師OS：

恐怖的來了，明明題目就交代清楚是寫一個人的夜晚，為什麼又多了一個「人」？莫非作者筆下的麻吉是……。另外，整個段落仍是在描述事件，而且寫來去比較像是在寫「逛街趣」的作文了。

剛到家放下我的「裝備」後，我就聽到了姊姊回來的聲音，真的是超級驚險的！

這個晚上雖然有朋友陪伴，內心卻感覺還是一個人，因為當我回家時，不會有人告訴

我:「你回來啦!」之類的問候語,那種孤獨感實在難以形容。一個人在家可以做許多事,而我選擇了和朋友出去,我玩得很開心,回家也十分刺激,但是這種事情我應該不會再做第二次,因為實在太冒險了。當我開門時,整個人都在抖,一時間還以為是地震,這種事真的不值得。

老師OS:
「我就聽到了姊姊回來的聲音,真的是超級驚險的!」這句話非常口語化,「真是超級驚險的!」不僅沒有為文章帶來俏皮的感覺,反而還會使人覺得作者有不用心寫作的感受。

寫著寫著,作者好像也發現自己有點離題,努力「硬拗」回來,寫道:「這個晚上雖然有朋友陪伴,內心卻感覺還是一個人」看了真的讓老師忍不住大喊:「Oh! My God!」,最後,還寫道:「回家也十分刺激,但是這種事情我應該不會再做第二次,因為實在太冒險了。當我開門時,整個人都在抖,一時間還以為是地震,這種事真的不值得。」

第一,老師會很想問,到底是哪裡刺激了?
第二,老師會超級想問,到底哪裡刺激到可以讓你可以抖成那樣啊?

一個人的夜晚可能會發生在每個人身上,

019　第一堂課　一個人的夜晚

老師OS：真正的悲劇終於來了！竟然 沒！寫！完！

天啊！

同學們，每個人都要精明點啊！沒有寫完，是拿不到及格分數的。很多同學往往在考試時因為時間拿捏不恰當，所以會發生「沒寫完」的問題。

沒寫完，你知道會拿到幾分嗎？

就是不及格！

這個時候，該怎麼辦？

請你在考試時千千萬萬要掌握住時間，就算真的寫不完，也不要讓人看出來該怎麼做呢？

如果你寫到僅剩一秒鐘，就請你把逗號改成句號，至少可以拿到及格分。（當然前提是內容不能太糟糕！還有，字數不能過少，請至少寫滿一面！）

如果你還有多幾秒的時間，就請你乾脆把最後一行劃掉！

如果你還沒寫到最後一行，而你發現自己只剩一兩分鐘，不知道到底要不要把握這一點點的時間再多寫一點時，建議你，如果說你真的非常有自信你就是能夠在這麼短的時間內完成，那你就寫吧！

但如果你也不太有把握可以寫完，那麼我建議你，你乾脆拿這一兩分鐘的時間去「檢查」錯字或漏字，這樣還會比較保險喔！

佳句補給站

1. 黑夜比白晝更令人沮喪。
2. 如果你因為失去月亮而哭泣,那麼注定你也會失去群星了。
3. 黑夜無論怎樣悠長,白晝總會來到。(莎士比亞)
4. 黑夜使眼睛失去它的作用,但卻使耳朵的聽覺更為靈敏。(莎士比亞)
5. 黑夜給智者帶來思想。
6. 人生便是黑夜與白晝的鬥爭。
7. 人們在夜裡走路,眼睛總要盯住燈光。
8. 當你尋找出路的時候,千萬不要忽略了黑夜。
9. 任何黑暗要比光明更容易使人產生崇高的理想。
10. 我之所以喜歡夜晚,是因為她把實際上並不存在的愛帶入我們的夢鄉。
11. 與其咒罵黑暗,不如燃起一支明燭!
12. 人類會被自己創造出來的黑暗吞噬。
13. 當一個人心中充滿了黑暗,罪惡便在那裡滋長起來,有罪的並不是犯罪的人,而是那製造黑暗的人。(雨果)
14. 大自然把人們困在黑暗之中,迫使人們永遠嚮往光明。(歌德)
15. 當撥開黑暗,看到真實,才會感覺到恐懼。

為作文鑲上鑽石

夜幕低垂　夜風颯颯　閃爍　點綴　占據　緩緩　寂寞蔓生　竄出　寂寥　領悟

沉澱　吞噬　填滿　蒼穹　澆熄　回憶的漩渦　寥寥可數　無助　曙光　流竄　不安

排山倒海　睡意　沉溺　鬼魅　無助感　詭譎多變　暴風雨前的寧靜　荒涼　荒蕪

毛骨悚然　嘈雜　寂靜無聲　枷鎖　困惑無助　催化　眺望　燈紅酒綠　憔悴　遠眺

光輝　拯救　空洞　膽怯　掩飾　渾渾噩噩　禁錮　宣戰　緊繃　鬆懈　靜謐　微弱

絕望　昇華　嘶吼　畏懼　紛擾　澄明　思慮　煎熬　夢魘　劍拔弩張　侵蝕　意志

平息　趁虛而入　仰望　驚醒　殘星　呼嘯　晨曦　救贖　保護色　深淵　吶喊

侵占　劃破　搖曳　戰鬥　徘徊　剷除　綑綁　婆娑起舞

修辭一點靈

轉化法

轉化法也可稱為比擬法。一般來說分為三種：人性化、物性化、形象化。

有些同學覺得很困擾，不是還分擬人、擬物嗎？

有些修辭書則說：

比擬法分為擬人法以及擬物法。又說擬物須分為擬人為物與擬物為物。

兩種說法都對，但看下面說明你的觀念會更清楚喔！

形象化＝擬物為物
物性化＝擬人為物
人性化＝擬物為人（擬人）

是不是一目了然了呢？

人性化：就是將物當作人來寫，使那物具有人的語言、神態、思想、動作等。

例句：

1. 辛勤的螞蟻和蜜蜂都住著漂亮的大宿舍。（楊喚〈家〉）

2. 大地沉著而有規律的吸著氣和吐著氣,各種植物混合的味道,芬芳清新。(沈花末〈土地的聲音〉)
3. 蟬聲是一陣襲人的浪,不小心掉進小孩子的心湖。於是湖心拋出千萬圈漣漪如千萬條繩子,要逮捕那陣浪。(簡媜〈夏之絕句〉)
4. 我們將恍然大悟:世界還是時時在裝扮自己的。(簡媜〈夏之絕句〉)
5. 太陽,他有腳啊,輕輕悄悄地挪移了。(朱自清〈匆匆〉)

物性化:就是把人轉化為無生命的物品或有生命的生物。

例句:

1. 在枯寂的心靈中,插上一枝生命的花朵。(殷穎〈一朵小花〉)
2. 倉皇之中,小偷夾著尾巴逃了。
3. 他永遠奉獻自己,燃燒自己,照亮別人。
4. 搖曳著一頭的蓬草。(〈翡冷翠山居閒話〉)
5. 在你們的心中嵌上一片寧靜吧,使你生命的小河向前划流吧,沿著平靜的邊岸(張秀亞〈談靜〉)

形象化:就是把「動物」、「植物」或「無生命事物」相互比擬,使之間具有共通的特性。

例句:

1. 童年的夢碎了，碎片中還有紅頭繩兒的影子。（王鼎鈞〈紅頭繩兒〉）
2. 我忽然覺得我平靜如水的情感翻起滔天巨浪來。（陳之藩〈謝天〉）
3. 酒入豪腸，七分釀成了月光。（余光中〈尋李白〉）
4. 我沒有夸父的荒誕，但晚景的溫存卻被我這樣偷嘗了不少。（《我所知道的康橋》）
5. 或許所有的人都早已習實於汙濁了，但我們仍然固執地製造不被珍惜的清新。（張曉風〈行道樹〉）

頒獎時刻——金筆獎

寫作範本

〈一個人的夜晚〉 江品萱

　　夜幕降臨，黑暗吞噬了大地，籠罩著一股神祕的氣息。抬頭仰望著蒼穹，星子散亂地點綴著，靜靜地、悄悄地將寂寞送往我們身邊。在這漫長的黑夜裡，孤獨將陪伴著我。

　　黑夜，喚起了我無數的回憶；黑夜，讓人變得膽小。一個人的夜晚，躺著床上望著窗外。點點星子襯托著銀盤的光芒，使黑夜多了幾分孤獨的神情。這空虛的心就如

025　第一堂課　一個人的夜晚

〈一個人的夜晚〉 吳詠榆

當夜幕降臨，那一彎月亮高高地掛在天上，群星閃爍，點綴了寂靜的夜晚。

一個人的夜晚，風依舊吹著，月光依舊迷濛，星星仍不停的閃爍；我坐在窗邊，翹首仰望天空，一個人的寂寞，在那黑夜中，逐漸地加深。柔和的月光覆蓋大地，銀白的夜晚，藏著無數悲痛的祕密。

但這一切，隨著黎明的到來，卻都消失無蹤。一個人的夜晚，是如此的神祕：一個人承受著那悲痛。我就彷彿那顆星星，只能為月亮帶來片刻的歡樂，是那樣渺小且無助。這思緒在腦海裡不斷地蔓延、不斷向我靠近。這黑夜就像痛苦的枷鎖，將寂寞、困惑無助的浪花，不斷地打上來，而我卻躲也躲不掉。

黑夜讓人不安，一個人望著時鐘一分一秒地走著。在敲完十二聲響後，嘈雜的街道頓時變得寂靜無聲，只剩下自己沉重的呼吸聲以及時間一點一點流逝的聲音。恐懼一絲絲地從窗外滲透進來，使我做了一場悲慘、恐怖的惡夢！晚到令人毛骨悚然。望著街道，那透人的月光催促著我走出去。披了件外套，一個人走出家門，剛踏出去，冷風便向我襲來。坐在草地上發呆，看著一切，這世界彷彿離我好遠好遠，想摸卻碰不到。無助，染上心頭，再一次地體會到自己的渺小。想為世界做點改變，卻什麼事也做不了。

黑夜，訴說著痛苦、寂寞難耐的神情：黑夜，催化著人們絕望、悲憤的無助感。

黑夜，訴說著獨自一人高掛天空那股荒涼的心情，看著物換星移的世代，只能獨自一個

〈**一個人的夜晚**〉 蘇禹全

當深黑濃墨潑灑在天空的畫布上時，遼闊的蒼穹裡，只剩下了點綴黑夜的星斗。

萬籟俱寂，一大片黑暗的寂寞，滲進了臺北的每一個角落：一場寂靜而漫長的黑夜，星星的光芒，輕輕地灑下，它們那細碎的光芒，也正映照著這孤獨的夜。

一個人的孤獨使人感到不安，夜晚總是能讓理智消失，風柔柔地吹向被寂寞吞噬的我，甩不開的誘惑，只有理智能剷除一切的荒誕想法。殘夜裡，媚惑人心的一切猶如藤蔓般蔓延，黑夜總是比白晝來得更漫長，更令人感到格外的害怕。

夜，是孕育黑暗的搖籃，那厚厚的雲層為夜空帶來了一絲神祕。冷冷的寒月，是我逐漸模糊的思緒，寒風把樹葉吹得颯颯作響，我深怕這靜謐的夜晚，甩不掉黑夜帶來的無助，只能嘗試將無助拋開，將恐懼扔掉；內心的交戰，是一場最荒寂的戰役，甩不開的誘惑，只有理智能剷除一切的荒誕想法。

當夜晚緩緩逼近，這夜，我忽然變成了一個膽小又無助的人，四周的聲音也都變得更加清晰，連自己的呼吸聲，也都聽得一清二楚。夜，把我禁錮在房子裡，無處可逃。黑夜總是喚起悲傷的禍首，所有的恐懼都在這墨色的夜空底下萌生，正密謀著吞噬人們的勇氣。

河璀璨，滿天星斗，是夜，讓一切安靜了；是夜，讓心情平復了；是夜，為蒼穹披上了一層薄紗，只剩下月和星空陪著我；溫暖的月光，讓無助、孤獨的感覺，消失了。無言的沉靜被夜催化成了恐懼，內心的堅強，被恐懼無情地吞噬，麻木了所有理智，在暝黯而朦朧的黑夜，迷失了自己。

便就此展開了。

一個人的夜，坐在書桌前，聽著令人心曠神怡的爵士樂；在咖啡的濃香裡，我打開了翻到有些殘破的課本。在孤寂的夜裡，這一盞微弱的小燈陪伴著我；原本因恐懼而焦慮的心，漸漸地平復了下來，心裡是一片澄明而平靜的湖水。為了戰勝孤單的情緒，我大聲朗誦課本中的內容；黑暗的夜空，在此刻令人有一種祥和與寧靜的感覺。

在挑燈夜戰之後，因為那一杯濃醇的咖啡，睡意早已散去；我輕輕地嘆了一口氣，一天的疲憊終於得到了片响的安寧。看著窗外的幾顆寥落星辰，在黑暗的夜裡閃爍著，像天空裡的一對眼眸，柔情似水地望著我，似乎在闡述那一年只能和戀人重逢一日的無奈。遠方的那一彎新月，終於在一層層薄薄的雲幕裡探出頭來，在這寂寥的夜裡，她是最美麗、最動人的微笑了！月亮的清香隨著風輕輕地飄進來，徐徐地風裡，有著廣寒宮的桂花香；漫步在心靈的湖畔，湖面上，映著靜夜的美好；掬一瓢甘涼的湖水，甘甜中有星光熠熠的滋味。夜，淨化了為課業苦惱的愁緒，沖淡了城市的喧囂；寂靜的夜，從遙遠的彼方，傳來了貝多芬的月光奏鳴曲，伴隨著悠揚的旋律，我輕輕哼唱。

當清醒的意識，隨著夜的低吟漸漸散去，我輕輕地闔上了雙眼，划著小船在星靜水上航行，霎時間，一顆流星劃過天際，消失在遠方，航向流星的消失處，尋找那一顆顆晶瑩的鑽石，不知不覺地，來到了甜美的夢鄉。

第二堂課
發現幸福

【學習目標】
- 寫作文一定要有的「轉折」
- 結合自身的經驗來寫作
- 映襯法

主題課程

發現幸福

說明：

對於每個人而言，幸福的定義都不相同。有人認為幸福是有一個美滿的家庭，有人認為無憂無慮就是幸福，也有人認為能夠擁有自己想要的東西就是幸福。其實，生活中的「小確幸」比比皆是，端看我們有沒有發現它的存在罷了。你，覺得自己幸福嗎？你，又是如何發現屬於自己的幸福？若你覺得自己不幸福，想想看，該怎麼做才能發現屬於你的幸福？

請以〈發現幸福〉為題，寫一篇真情至性的作文吧！

寫作觀念交流

發現幸福，其實是一個很危險的題目。它的危險就來自於許多同學一不小心提起筆，就會忽略重點。

怎麼說呢？

先請你先看題目，然後想一想，〈發現幸福〉的重點是什麼？是幸福嗎？還是發現？

通常這時我問全班同學，一大半的人舉手認為「幸福」是重點，另一小部分的人認為「發現」是重點，而剩下沒舉手的同學不是因為他們知道這是陷阱題或早已知道正確答案，而是他們懶得理我。

答案是：

這個題目的寫作重點分為兩個，就是：「發現」和「幸福」。

那再問一個問題，

一開始下筆，要先寫「發現」，還是先寫「幸福」？

續問這個問題時，一大半的人認為先寫幸福，另一小部分的人則認為先寫發現，剩下沒舉手的不是懶得理我就是都殘廢了。

每次課堂上讓學生寫到這個題目，總有兩三個悲劇發生。

大部分的寫作內容都很正常，但往往因為錯字問題而讓題目鬧了笑話。

許多同學不是寫了〈發洩幸福〉這種令老師瞠目結舌害羞地說不出話來的錯字，就是寫了〈發現性福〉這種讓人瞬間臉紅的題目。

要知道，一旦寫錯了字，讓題目的原意扭曲，就算你的內容寫得多優美或正正經經，老師也尷尬得不想再看下去了。

更遑論當我改到〈發洩性福〉這種題目，我都不知道怎麼拯救這個青春期的孩子了！

讓。我。們。繼。續。看。下。去！

回到剛剛一開始說的，這是個很危險的題目，危險之處不在於會寫出《金瓶梅》的續集，而是在於很多的同學，都清楚題目是什麼，也都寫出了很美、很動人，讓人忍不住也想闖進你幸福的世界裡。但是很多的同學寫到最後，都只寫了幸福，卻忽略了本次題目最重要的一件事：如何「發現」幸福。

許多同學都這麼安排這篇作文：

首段先描述一下他心中的幸福，或是為幸福下了定義，用了排比或是太可愛的譬喻，描寫出了如下的內容：

幸福是一塊石頭，等著我們來挖掘，等著我們在幸福中發現美好的事物，幸福也是一道美味的餐點，味道會因為人的感受而不同，每天覺得不夠幸福的人就會覺得很難吃，反而，真正不幸福的人就會覺得能吃到一道餐點已經很幸福了，因此再難吃的菜也會變得很好吃。

老師OS：
重點到底是什麼？

什麼是幸福？對世界上大多數的人來說，幸福，常常是得到自己所想得到的事物，像是金錢、工作、房子、車子等等，但事實上，那應該叫做欲望，而不是幸福。

老師OS：
危險的寫法，首段結尾已經偏離主題了！

或是鬼打牆的重複著：

幸福，對於每個人的定義是不太一樣的，幸福可能來得很快，可能來得很慢；幸福可能很輕，可能很重。幸福可以是小的，也可以是大的；可以是輕的，也可以是重的。

還有同學會忍不住教訓老師一下，要老師睜眼看看自己的幸福在哪裡！

幸福是什麼？幸福是很輕的，也是很重的；幸福可以來得快，也可以來得慢。幸福，到底是什麼？你看見幸福了嗎？你看見屬於你的幸福了嗎？你有好好把握嗎？還是不知足的每天都在抱怨？你要知道，幸福就在你身旁！

然後中段開始寫了一大堆很空泛的幸福。

033　第二堂課　發現幸福

就像這位同學所寫的第二段：

每個人對幸福的定義都不一樣。有人認為，擁有金山銀山是一種幸福；有人認為，有一個美好的家庭是一種幸福；有人卻認為，每天都有東西吃，那就是幸福！幸福是形容詞、是愛、是一碗豐富的早餐，真正的幸福不需要大費周章地去找，幸福就在身邊。幸福可以很重，需要許多人一起共享；幸福也可以很輕，一個人就可以擁有很多。幸福不在於它的重量，不是因為錢比較多就是比較幸福，幸福不在於擁有金錢，而在於獲得成就時的喜悅，以及產生創造力的激情。

看得出問題點嗎？作者寫了三種「有人認為的幸福」，卻沒有寫出「自己認為」的幸福；又寫了幸福是形容詞、是愛、是一碗豐富的早餐，寫了許多不同的「觀點」，卻顯得空泛沒有主旨。又說到幸福一直在身邊，而且幸福可以重，也可以輕，寫了許多多不同觀點的幸福，用了映襯法、排比法、譬喻法，卻讓整篇文章讀來看不到作者自己的想法及所認定的幸福是什麼，因為，寫來寫去，都是在寫「別人認為」。

這種看似美麗且有修飾過的文章，乍看之下會讓人覺得寫得不錯，但若老師仔細詳閱，很容易看出他在寫作上的毛病：空泛。

還有這一篇：

能去學校上學，是一種幸福；能和朋友或同學一同玩耍，是一種幸福；能吃到可口的美食，是一種幸福；吃晚餐的時候，能和母親聊天，是一種幸福；時常受到別人的讚美，是一種幸福；擁有疼愛你的爸媽，是一種幸福；身旁有無數對人友善的同學，是一種幸福；在學校有溫柔、說話有禮的老師，是一種幸福。

看出問題了嗎？

我想很多同學仍然看不出問題，因為基本上能寫到上面所列的這一段文字，似乎就頗具水準了，但是，如果我們把目標設定在拿到五級分、六級分，那麼你一定得「雞蛋裡挑骨頭」，找出問題點。

在上面所列的兩個不同的同學所寫的中段裡，有一個共同的缺點是：**沒有寫出屬於自身的幸福。**

也就是他們泛論各種不同類型的幸福，然後一直虛無的強調幸福就在我們身邊，卻沒有寫出他們心中明確的幸福。

現在的作文題型，已不在像過去那樣，有很純粹的議論文、抒情文或純粹的記敘文了。

目前所有的題型都是要同學們寫出結合自身相關經驗的作文，並書寫或夾敘夾議的文體，或是記敘兼抒情文，或是在記敘兼抒情文中又要讓你稍微論述一下你的想法。

所以,請同學一定要記住一件事:寫作文,一定要結合自身相關經驗來寫。

看不懂?沒關係!

講更白話一點,就是你要舉自己為例子來做書寫!

所以,到底要寫些什麼呢?

你得在作文中,去寫到你自己所認定的幸福到底是什麼,以及你自己生命中真正擁有的幸福。

你當然可以為了湊字數,去泛論一些幸福。就像這兩個例子:

A同學

享受自由、寧靜的時光,是幸福;回憶人生中的喜怒哀樂、點點滴滴,是幸福;擁有被愛與愛別人的權利,是幸福;了解朋友眼神中發出的訊息,讓朋友了解自己的想法,是幸福;領悟人生的價值,擁有希望和未來,是幸福。

B同學

每個人對幸福的定義都有所不同。幸福有許多種,吃一口冰沙是幸福,看一部電影是幸福,嗅一下湯的香味是幸福。有些人認為幸福就是有錢、富有,但年老後才發

現，財富不能永遠在身邊。得到幸福不一定要富有，只要用心感受就會發現，其實幸福就在我們身邊。

用排比句的方式去寫出各式各樣不同的幸福，這些都代表你對幸福的看法與對生命的觀點，而且使用排比句有一個很賺的好處，就是你可以「湊字數湊得很美麗」。

但是，你一定得**接著寫出**你所認定的「真正的幸福是什麼」。

但是，你以為這樣寫了，再搭配一個完美的結尾就可以拿下滿分嗎？錯！大錯特錯！

因為這類型作文，一定要有轉折。

密技大公開

該怎麼書寫人人都會寫，但寫不出精妙的「幸福」？

很多人會把幸福比喻為陽光，因為他們覺得幸福跟陽光一樣，為人帶來暖洋洋的感覺。

C同學

幸福彷彿是有溫暖的**陽光**,而且照在一片綠油油的草地上,或是在心中掛上一個耀眼的**太陽**,但它卻不是永遠都在發光。

D同學

幸福,如同一顆橘紅色的**夕陽**一樣溫暖。

E同學

幸福,像**太陽**般,照亮了每一戶家庭,照亮了你我的心房。

閱卷老師在看時,一開始看可能會覺得很美,有種溫馨的感動。但是當第一篇這麼描寫幸福、第二篇也這麼描寫幸福、第三篇、第四篇……,當幸福如同陽光這樣的描寫不斷地出現後,新鮮感不見了,取而代之的是老套的陳腐感,自然而然就不容易吸引閱卷老師再細閱,閱卷老師閱讀會考作文時,花在每一篇的文章上平均三十多秒,是平均喔!不是每一篇都是如此。如果你的作文無法引起老師的興趣,讓他從第一段就覺得這是一篇「老哏」作文,有經驗的老師都會很快地為你的作文做出評分。

同學都知道，寫作文一定要善用修辭，所以每個人最拿手的便是譬喻法，但是你想得到的別人也想得到，大家都知道的東西就沒有寫它的必要。

難道因為這樣就不要使用修辭了嗎？當然不是。

修辭要用得巧妙，絕對不能落入俗套。

看看這個例子：

柔情的陽光跳入窗前，灑了滿地金黃；輕盈的微風，透過窗門縫隙舞進房內，冷冷寒意中多了分淡淡的香甜，暖暖的幸福湧泉，穿透心門，直達我心。啊！那是甜而不膩的享受，那是新鮮而不通俗的感受，那是幸福在作用，正在發酵！

發現了嗎？

這位同學也很「俗」的寫到了陽光，但他卻是用轉化法帶入文章中。把陽光給擬人化了，把風也擬人化了，還告訴你，幸福正在發酵！

這便是很高明的寫法，轉化法，總能給人新鮮感，點亮讀者的眼睛。

所以同學在使用修辭時，可以用譬喻法，但那是在不得不使用，而且真的詞窮了、時間來不及了時才使用。

如果你追求的是滿級分，而且已經很能夠掌握住寫作的時間，那麼老師會提醒你、要求你，下筆前總要想一想，一個平鋪直敘的句子該怎麼使用轉化法，讓他在文

到底要加什麼料

我們提到，寫這類型作文一定要有轉折。

尤其這個題目是〈發現幸福〉。

所以，回到一開始的問題。到底先寫「幸福」，還是先寫「發現」呢？

答案：先寫「不幸福」！

通常這個時候會有不少學生滿臉黑人問號：耍。我。啊？

親愛的同學，我沒有耍你們。

這個題目，既然是強調「發現幸福」，我們就得鋪個哏，先講自己原本自覺不幸福，然後如何在生活中去「發現」幸福一直都在我們的身邊，只是過去的我們不懂得什麼是幸福，才會一直在追求的過程沒有注意到幸福的存在。

這就是轉折。

原本不幸福，然後發現幸福，這中間的過程就是轉折。

寫出心境上的轉變，是這個題目上很重要的一點。

心境的改變，使原本無趣枯燥的生活有了新鮮；人生體悟上的轉變，使得看事情的角度有了新的見解。人生中遇上困境，轉念就轉運。

轉折，讓一切平順地敘述有了改變。

就像二○一三年的基測作文題目〈來不及〉，能夠寫出六級分水準的學生正是掌握了「轉折」的重要性。

有學生寫出沒搭上公車又氣又急的心情，卻因搭上其他公車改走不同路線，眼前看見不同以往的美麗風景，從原本懊惱的心情一轉為驚喜，這就是轉折，也是作文中最需要的衝突和高潮。

寫作有了轉折，才會有張力；有了轉折，才會有變化；有了轉折，才能營造出衝突；有了衝突，才會使這篇作文有對比的感染力！

就像下列這篇文章：

〈發現幸福〉　邱淳喬

許多人花費一生的時間去追尋快樂，每天汲汲營營地去追求自以為的幸福。但驀然回首，總會發現自己的人生好似一場空，曾經存在身旁的人、事、物都無影無蹤，一直以來在尋找的幸福在哪裡？

老師OS：

這篇文章一開始不說明自己的幸福是什麼，而是先說多數人的總在尋找自以為是的幸福並問以「幸福到底在哪裡」埋下伏筆。

或許，有個完整的家庭是幸福的；有一群志同道合的朋友是幸福的；衣食無缺的生活是幸福的。曾經，我感到人生的天空是陰的。看著烏雲遍布的天空，心情鬱悶，但看著萬里晴空，那燦爛的太陽彷彿更突顯了心中的烏雲。看著公園裡玩耍的人們，年輕夫婦逗著小孩，帶著他從溜滑梯上滑下，他們臉上洋溢的笑容，那小小的快樂在我眼中卻是如此刺眼。看著街道上相約遊玩的朋友或是情侶，心中的孤寂滋長得更快。我像隻迷途的羔羊，在人海中隨波逐浪，幸福對那時的我，像天上的星星一樣，可以欣賞，卻不能擁有。

老師OS：

寫出各類不同的幸福，展現出自己在思考觀點上的多元，第二段首尾時寫「幸福對那時的我，像天上的星星一樣，可以欣賞，卻不能擁有。」藉以點出：自覺不幸福。

直到有一天。清晨和煦的陽光透過窗簾的縫隙灑在我身上，吱吱喳喳的鳥鳴聽來竟是如此悅耳。起身走向客廳，荷包蛋濃郁的香味已充斥其中，看著媽媽忙碌的身影

和爸爸努力辦公的衝勁,第一次我感受到了家庭的美滿與幸福。到了學校,同學和老師和善地問早,讓我的心情不知不覺地雀躍起來!我享受那種互相分享心事,跌倒會互相扶持,難過時會為你拭去眼淚的朋友間的幸福。回家路上,雖然還是隻身一人,但父母關切的電話和朋友溫馨的簡訊,都證實著我不是孤單的,原來他們一直都在我身旁!

老師OS:
第三段點題,也就是轉折。作者發現了幸福的存在,雖然這裡有一點小小失敗,沒有一個明確的說明「如何從不覺得幸福而突然發現幸福」,但好歹在這段切入了主旨「已經發現幸福的存在」了。

或許我沒有富裕的生活,也沒有一帆風順的人生,但我感受到幸福就圍繞在我四周。孤單時有人陪伴,難過時有人安慰,幸福,只要用心體會,處處都可以發現它的蹤影!

老師OS:
第四段收尾,在結尾強調出來幸福的存在。

所以這一篇作文的寫作流程應該是：

第一段：建議先用轉化法或譬喻法為「幸福」下定義，或書寫多數的人是感覺幸福或不幸福的。

第二段：接著寫出自己覺得不太幸福，覺得自己的生命中是缺乏幸福的或一直是人在福中不知福。

第三段：這裡要有轉折的出現，原本覺得不幸福，然後發現自己的幸福，而且是在什麼樣的情況下，去發現自己的幸福？最好用事件寫出如何發現。

第四段：用轉化法或譬喻法強調出找到或發現幸福的自己，用什麼樣的態度面對生活與生命！

但也要請同學注意書寫「轉折」時，不要發生「前後矛盾」的問題。

寫作有很多的地雷區，都得小心避開，以免炸傷自己。

像是寫出「前後矛盾的句子」、「邏輯不清」，或者是「口語化」、「連接詞運用不當」以及「與事實不符」的句子，這些都是容易讓自己寫出一篇「驚悚文」的地雷區，千萬不要踩到！

就像接下來所要講的恐怖故事：

以〈我愛運動〉這道題目為例，我在教學時會提醒同學寫作流程。

第一段可以鋪陳，第二段要進入我愛運動的主軸，但是因為第三段常常有學生會

寫著寫著就沒材料好寫，所以我會建議若是真的沒有材料可以書寫，那麼我們可以去寫「有些人為什麼不愛運動」，來和第二段作對比。

沒想到有學生寫著寫著就踩上了「前後矛盾」的地雷區。

第一段愉快地書寫著自己愛運動，第二段交代清楚自己愛哪些運動，到底有多愛運動，第三段整個人進入精神分裂的狀態，筆鋒突然一轉，寫出「我不愛運動！我討厭運動！我恨運動！」的內容，然後第四段又突然間「精神恢復正常」，愉快地用「我愛運動，運動真有趣！」的寫法做結尾。

這樣的驚悚內容，讓老師閱卷時好像見證了「一名精神分裂者的思維活動紀錄」。

考試壓力大到壓垮了一名原本可愛活潑的國中生，讓人惋惜不已⋯⋯

● 你可以這樣思考

生活中有哪些事情讓你覺得不幸福呢？

1. 我覺得爸媽偏心不愛我。
2. 老師對我有偏見，總認為我的發言是挑釁。
3. 無論我再怎麼努力，我的功課就是不見起色。

什麼是你生活中的幸福？而且你以前都沒有發現到？

1. 其實爸媽是愛我、關心我的，只是叛逆期的我，常常沒有想那麼多，從未注意到爸媽的付出是愛的表現。
2. 其實同學中仍有對我關心付出的，也有站在我這邊的，只是被排除在小圈圈外的我，像隻發怒的刺蝟，無法感覺到同學的關懷。
3. 其實生活中有很多簡單就可以得到的幸福，放學時一個人靜靜地走著，看著街道上來往的人群，獨享一個人的夕陽，這是幸福。

請你想一想生活中容易發現的幸福滋味。

1. 全家人圍爐。
2. 冬天喝一碗熱騰騰的湯。
3. 飢餓時，吃到美味的東西。
4. 美夢成真。
5. 得獎時，大家給予你肯定的目光。

你覺得為什麼很多人都會覺得自己不幸福？

1. 人在福中不知福。
2. 很多人總會看見別人過得有多好，卻忘記自己所擁有的。
3. 因為生活中有些不如意的事，這些事情蓋過那些恬淡而微小的幸福。
4. 人總是習慣性抱怨，一旦抱怨起來，就覺得全天下都對不起自己，忘記自己擁有些什麼。
5. 幸福是一種淡淡的氛圍，他需要我們靜下心來體悟，但忙碌的生活讓我們忽略他的存在。
6. 雪中送炭。
7. 出門前，媽媽一句叮嚀的話語。
8. 晚上回家時，看見家人為你留一盞燈。
9. 當你難過的時候，有人可以安慰你。
10. 在家人的呵護中成長。
11. 有個可以分享喜怒哀樂的同伴。

佳句補給站

1. 真正的幸福只有當你真實地認識到人生的價值時,才能體會到。
2. 生命中只有一種幸福:愛與被愛。(喬治桑)
3. 我生命中的幸福寥寥可數,那是我在家的時候,感受到家人的擁抱。(湯瑪斯‧傑佛遜總統)
4. 幸福大同小異;不幸,卻擁有各自不同的臉模。(托爾斯泰)
5. 人類的一切努力的目的在於獲得幸福。
6. 建築在別人痛苦上的幸福不是真正的幸福。
7. 人真正的完美不在於他擁有什麼,而在於他是什麼。
8. 你想成為幸福的人嗎?但願你首先學會吃得起苦。
9. 有一個能夠思念的人也是一種幸福。
10. 能使你所愛的人快樂,是全世界上最大的幸福。
11. 快樂可以依靠幻想,幸福卻要依靠實際。
12. 一個人能真正靜下來的,屬於自己的,不受外界紛擾的時候,是一種難得的幸福。
13. 我有權力成為幸福的人,哪裡有幸福就到哪裡去尋找。
14. 幸福若與越多人共享,它的價值便會越增加。
15. 最幸福的似乎是那些並無特別原因而感到快樂的人,他們僅僅因快樂而快樂。
16. 擁有未來幸福的最好辦法,就是盡可能地享受今天的幸福。
17. 人類的一切努力的目的在於獲得幸福。

18. 幸福永遠是不會光顧那些不珍惜自己所有的人。
19. 真正的幸福，雙目難見；真正的幸福，存在於不可見事物之中。
20. 幸福不在於擁有金錢，而在於獲得成就時的喜悅，以及產生創造力的激情。

為作文鑲上鑽石

思緒　浮現　遐想　翱翔　平靜　真摯　疑惑　深沉　萌發　鍛鍊　累積

能量　憧憬　潛移默化　望穿秋水　心照不宣　喜出望外　清閒　深邃　稍縱即逝

片刻　豪邁　陰鬱　喜悅　感激　欣慰　歡喜　欣喜　得意　安詳　坦然　靦腆

落寞　患得患失　害羞　冷漠　慈祥　嫵媚　滿面春風　心平氣和　興奮　歡唱

歡騰　品嘗　優雅　炫耀　激昂　痛痛快快　紛紛揚揚　心心念念　形形色色

樂呵呵　好生生　勤勤懇懇　漫長　貪求　笑吟吟　笑盈盈　喜孜孜　喜洋洋

飄飄然　晶晶亮　黃澄澄　霧茫茫　覺醒　啟動　痕跡　深沉寧靜　拼湊　漂流

掙扎痛苦　排山倒海　源源不絕　輕飄飄　遮掩　一瞬間　撼人　覆蓋　荒涼　悲涼

闖蕩　無助　迷霧森林　纏繞　守護　困擾　漫漫渺渺　攀爬　月光灑落　流光

流轉　流年

修辭一點靈

映襯法

映襯，又稱為「對比」、「反襯」，是把不同或相反的現象對列起來，兩相比較，讓它的意義更加鮮明，例如：「美麗的錯誤」就是一個容易理解的例子。

例句：

1. 她有著天使的臉孔、魔鬼的身材。
2. 傻瓜相機，聰明選擇。
3. 得之於人者太多，出之於己者太少。
4. 水可以載舟，也可以覆舟。
5. 燃燒自己，照亮別人。
6. 傾聽一街震耳欲聾的寂靜。
7. 我們是一列憂愁又快樂的行道樹。

8. 寧可要光明的失敗，絕不要不榮譽的成功。
9. 遇見送親的心熱，遇見送葬的心冷。
10. 當滿山紅葉詩意的懸掛著，是多麼美麗的憂愁啊！（張曉風〈林木篇〉）
11. 我是個極空洞的窮人，我也是一個極充實的富人——我有的只是愛。（徐志摩《愛眉小札》）

頒獎時刻──金筆獎

寫作範本

〈發現幸福〉　劉子齊

　　幸福飄散在天空，用它輕盈的身軀去創造一份份的感動。它是人們努力去追求、求取的，但人們總是忽略了，幸福已經在身邊默默呵護著我們。用盡全力只為了找到幸福的居所；在一天天的空虛中，我尋覓、我追求，但在奢華中我沒找到幸福的蹤跡。那時的我在忙碌的生活中，完全忘了品味生活，對於媽媽的關懷、付出，對於爸爸在百忙中短暫停留就只為了陪伴我，那一切的一切在我的解讀下都只是理所當然。那幸福的溫暖我沒能去感受，我只認為那些都是應該的，造就了那只在物質流連的我，在虛空

051　第二堂課　發現幸福

〈發現幸福〉 許瑜娟

奔向一片綠油油的草原，望向一片蔚藍的海洋，這些平凡的事物我們是否曾珍惜它們，我們是否曾認定這是幸福。其實在我們身旁一些摸得到、看得到、聞得到、吃得到、聽得到或甚至無形的事物都是幸福。幸福就圍繞在身旁，有人發現嗎？

我們口中的幸福到底是什麼？是不用考試或盡情的打電動嗎？這些虛假的幸福都只是帶上了面具、蒙蔽了真正的幸福，它只是包裝寫著幸福，換來的實物裡並沒有幸福。真實、真情的幸福可以是最簡單、最平凡的事物，也可以是充滿愛的事物。也許一天中能滿足五臟廟的三餐，就是一種平凡的幸福，想想許多人因為經濟條件而無法溫飽；有一張溫暖的床，就已遠遠超過一些無家可歸、無法安穩睡覺的人的幸福；能

直到那一天，我遇上生活中最大的挫折，考試的失敗將我擊倒，我頓時發現幸福就在媽媽的一個擁抱、爸爸一句關懷的言語中。我得到的溫暖、我接受的關懷是多麼多，不論是在物資上或是親情的溫暖上我都是幸福的，只是我缺乏體會、感受。一直沒發現幸福的我，發現幸福總是環繞著我，一直存在於我的生活中。

幸福飄逸在每一次呼吸，除了去揭露、去發現，否則它永遠都被當作理所當然。我一直沉浸於幸福之中，只要我用心去感受、停留，就可以找到那幸福的真理。只要我不再只沉溺在虛無的奢華之中，那身邊的幸福便會一一展露。幸福不是盲目地去追求、去摸索，而是藏在那一句句關懷，那一個個溫暖的擁抱之中。

中飄流。

背著書包快樂到學校學習新知識，就是比一些無法讀書的小朋友還幸福一千倍。這些生活中的平凡事物，其實就已孕育了幸福的幼苗。

一個愛的擁抱，讓我發現了有一種幸福是出自於家人對彼此的關懷，愛是幸福的基礎，和家人一同聊天，分享喜怒哀樂是幸福，家人的一句關心是幸福，家人的一個大擁抱是幸福。其實最平凡的幸福時時刻刻圍成一圈在我們身旁，只是生活在太舒適的環境，總是讓幸福變成了一種欲望，長輩常說「人在福中不知福」這就是許多人的生活方式，因此幸福不再存於他們心中，但是只要用心體會周遭的事物，幸福一定會與我們做朋友。

「真正的幸福只有當你真實地認識到人生的價值時，才能體會到。」幸福總是如此短暫，但卻都在你我身旁，想要發現幸福，要用心了解世界；而想要擁有幸福，就要珍惜一切的幸福。

〈發現幸福〉　楊佳芸

幸福就在我們的身邊，活著就是一種幸福。通常只有自己能體會，其中的滋味更是無法言語形容的，唯有沉浸在其中的片刻，才能真正領悟。

幸福是，當我知道有人願意相信我；幸福是，堅持到最後一刻的毅力；幸福是，深夜讀書時家人的加油打氣；幸福是，擁有整片蒼穹。我很快樂，但是快樂就等於幸福嗎？真正的幸福，又是要用什麼標準衡量？是金錢、地位？我曾經以為，擁有就是幸福，卻忘了，在追求擁

053　第二堂課　發現幸福

有的過程中，才是真正的幸福。得到了不一定快樂，失去了不一定一無所有，人生是一場長跑，當我遇到挫折時，朋友的鼓勵、家人的支持，是幸福。成功時的虛榮只是假象，與我一起努力過的人，那才真正的幸福，幸福不難，難在尋找，並且珍惜。

有人花一輩子尋找幸福，卻忘了活著就是一種幸福。我也曾盲目地追求幸福，卻忘了它始終來自內心，只有自我知道擁有金錢未必是幸福。太多錯誤的價值觀、太多奢侈的物質、太多虛偽的假象，掩蓋了真正的幸福。我也曾盲目地追求幸福，卻忘了它始終來自內心，只有自我能察覺──幸福其實一直都在我們身邊，只是我們少了那份真摯的心，少了珍惜當下的觀念，當幸福來敲門時，才錯過了它，但其實，它並沒走遠，只是一直未被發現，只要用心體會，一定能夠迎向它的懷抱。

發現那份真實的幸福，就是人生最大的幸福。何處無幸福？只是少了那份心態。當我們敞開心房，一定能夠抓住它，即使僅是片刻，也會成為永恆。

第三堂課 我最難過的一件事

【學習目標】
- 善用修辭法來描述情緒
- 首尾呼應法與小道具
- 摹寫法

主題課程

我最難過的一件事

說明：

我們不一定每天都開開心心的過生活，生命裡，偶爾會有件令人很難過、很傷心，不太敢回想的事情，那件事情是什麼呢？為什麼它會令你這麼難過呢？請你寫下來這件使你非常難過的事情，並寫下為什麼它會使你那麼難過？

寫作觀念交流

〈我最難過的一件事〉這個題目，是大家都能輕鬆上手的題材。很好寫！但很難拿高分！

為什麼？

因為很多同學都把死亡寫入題，太多人的爺爺奶奶外公外婆都死於一場意外，或是癌症住院，在斷氣之前緊握了親人的手，要大家別難過。

每當我現場看完一篇親人過世的作文後，眼眶溼溼的抬起頭來問同學：這是真的故事嗎？

同學眼中都會露出狡黠又討人厭的表情說：給你猜？

超該死的！又是一篇編造出來的故事浪費了我的眼淚。

不誇張，十個學生中眞的有八個學生分別寫出了爺爺奶奶外公外婆的驟然而逝，這些同學都認爲：最難過的事如果不是寫有關生離死別，就不夠精彩、不夠有說服力，我想感動人嘛！所以編故事。

同學，如果你眞的編得夠感人也能騙過老師，那我也管不了你。

但是，最難過的事，眞的只能寫關於生離死別嗎？

生活眞的有這麼單調，只有這些東西能講嗎？

我們是不是可以找一些不同於生離死別的題材來寫作，讓作文讀來有不同的感受，在不一樣的題材中寫出一條不同的路、不同的風格、不同的人生態度？而且，這樣的文章閱讀起來，反而更眞實，也更能展現作者的寫作功力。

比方說，有學生寫了這樣的題材：

A同學

當時幾個要好的朋友三不五時便聚在一起，直到某天放學時，和一位朋友一言不合，起了爭執，從這個時刻，我們之間便產生名爲「心結」的鎖，然而越是想解開，卻越是鎖得更緊，彷彿是荊棘藤蔓，越是想脫離，越是扎得更深。心中的鎖一直找不

057　第三堂課　我最難過的一件事

到鑰匙，只能孤伶伶地將自己埋得更深更深。

B同學

還記得剛上國中時，因為同學之間還不認識，所以每個人都各做各的事，互不相干；隨著時間一久，女生們組成了好幾個小團體，唯獨我不在其中。於是，她們想盡各種方法排擠我，不擇手段的欺負我，目的只有一個：把我趕到邊疆地帶。我孤立無援，進也不是，退也不是，不知如何是好。這是我畢生以來，第一次有被「遺棄」的感覺。悲傷夾雜著憤怒的情緒湧上心頭，我難過，難過為何沒人理會我；我憤怒，憤怒究竟我做錯了什麼。

C同學

因為我的一個傳球失誤導致我們這一組被逆轉輸掉了比賽，當比賽結束時，我覺得世界突然變得特別的黑暗，找不到一絲的光芒，雖然賽後班上同學原諒了我的失誤，但我仍然非常沮喪，非常的自責，感覺就像被禁錮在失敗與難過的枷鎖裡，所以每當跟班上同學一起打球時，腦海頓時會浮現那場輸球的比賽。

D 同學

那是小學時的第一份集體報告的作業，一如往常，最熟悉的她們跟我分在同一組，我們如此興奮、多麼雀躍。那一天的每分每秒都還深深印在腦海裡，一個小小的爭執、瞬間凍結了空氣，凝結的對話、冰冷的眼神，因為最靠近彼此，所以那些利箭如此容易的射入心房。那之後，是沉默與更多的誤會，沒有解釋、沒有誤解，少了歡笑、少了友誼，我的世界被我最親愛的人冰封。

有發現一件事嗎？

他們都書寫了生活中的「小事情」，卻用抒情的手法誇張了這些「小事小情」，這就是寫作文時最要把握住的「小題大作」法。把小事放大看成大事，用轉化法去渲染情緒，讓情緒擴大：但並不是把事件發生的經過詳細地寫下來，而是選取重點並使用修辭法，讓讀者藉由文字「看見」你的情緒。

而且像是「考試成績不好」這種我們每天在學校都會遇到的「小事情」，也是可以當作寫作題材喔！

E 同學

那天，原本的自信，換來的卻是可怕的成績。考完試後同學興奮的笑聲、歡呼，

變得格外刺耳。彷彿是隔著一塊玻璃看世界，一切變得好慢、好遠。這次駭人的成績，是一支鋒利的暗箭，每次想到，就更加徬徨、害怕。絕望，如同一片陰暗、憤怒的烏雲，籠罩著我的心，遮住了樂觀，甩也甩不開。回家的路上，那張考卷彷彿一塊千斤重的石頭，壓著我。公車似乎特別難等，時間過得特別慢，就連路燈的影子也拉得特別長。這片絕望的烏雲，吸引著世上所有的不幸，越來越大、越來越黑。自己的心，卻越來越渺小，突顯出自己的形單影隻。

這位同學寫出了原本志得意滿的面對考試，但成績揭曉後發現不如預期，自信心潰堤，眼前世界瞬間轉黑。從簡單的事件中寫出內心的劇變，運用了不同的轉化法，誇張了內心的感受。

我們來比較一下同樣取材於考試成績不理想卻書寫得缺乏美感的段落：

F同學

還記得七年級時考了一次複習考，原本我覺得自己程度很好，認為我能夠考出好成績，但在我拿到成績單的那一刻，我的自信全部不見了！看著那張成績單，我的淚水就慢慢地從我的臉頰上滑落，我從來沒拿過這麼差的成績，我的信心全都沒有了。

G同學

學校剛考完試，又逢寒假之際，不免讓同學們開心不已。放學時，數學老師將同學的段考成績一一寫上黑板，當我看到我的分數時，突然晴天霹靂，與我預想的差距太多，令我沮喪。回家的路途，我的心情很差，同學跑來跟我講話，我也難過地說不出話了。

你覺得哪一段能夠讓我們藉由文字「看見」那個拿到成績單失落孤單的身影？

F同學及G同學的寫法太著重於事情發生的經過，缺乏真實情感的渲染力，使人讀來感受力薄弱，也因為缺乏「畫面感」的呈現，使得我們很難感同身受，進入作者所營造的世界裡。

所以請同學一定要記得：

越是簡單的題目，人人都會寫；但如何能把人人都會寫的題目發揮到淋漓盡致，寫出一條不同的路，靠的就是：**書寫自己熟悉的題材**。

書寫生活中熟悉的事件，你才能夠做完整的發揮。

如果硬是要去寫一個自己並不熟悉的題材，只會變得很淒慘。

再舉個負面的例子來對照一下：

密技大公開
首尾呼應法和作文小道具的妙用！

今天的主題是教同學使用「小道具」在作文中，並且使用「首尾呼應法」寫作。

我最難過的那一件事情就是我的阿祖過世了。發生事情的前幾週阿祖身體就已經減少許多，因平時大人都不在，又是和外公、外婆一起住，所以就請了外傭，可是外傭有的時候還是有事要做而不在，說這事情很突然，在假日時外公突然覺得奇怪，就帶阿祖去醫院緊急就醫，剎那間她就斷氣了，不管怎麼都無法挽回她的命，而且外公也是忍了一個多星期才跟我講，那一年也讓我覺得億萬斯年，始終過不去，也和好朋友都玩不下去，但是阿祖可以活一百歲，體力真好。在火葬的那一天，大家都很難過，尤其是媽媽哭得最傷心，眼淚流得好多，嚇死人！

這位同學認為要寫出親人的死亡，才夠「可憐」，能夠「賺人熱淚」，因為其實他自己也搞不清楚親人的死亡是怎麼一回事，甚至他跟自己的親人也不熟悉，整個過程寫得七零八落，更糟的是寫不出真實的情感，讓人看了無法為他掬一把同情淚，反而可能笑出聲音。

我想首尾呼應法同學都很熟悉,首尾呼應法,便是為了要使主題能夠表達得更完整,在文章的前面所提過的事,在文章的後面要有所交代;在前文埋下伏筆的,則在文章後面要有答案。首尾呼應法沒有一定的格式寫法,但多數是使用於首段及尾段,讓開頭和結尾互相呼應。說來似乎簡單,但真正要運用時許多同學卻不知道該如何下手。

在講解首尾呼應法如何實際使用前,先讓同學了解「作文的小道具」到底是什麼,該怎麼使用?

請你先找出以下段落使用了什麼小道具?為了讓同學能明確的判斷,請你以首段與尾段一起來判斷,找出小道具。

首段

一句話可以讓一個人的靈魂碎成上千萬片,但它也可以讓人重新振作。

尾段

一句話可以把人推入谷底,但它也能讓我重新燃燒著希望。

063　第三堂課　我最難過的一件事

小道具：一句話

首段

影子如同另一個我，重複著我的一舉一動，它雖然沒有思想、情緒，但卻是我永遠無法抹滅的陰影，束縛了我的心，將它緊緊得打了個死結。

尾段

陽光助我將那黑暗的影子，縮小、再縮小，而陽光何時會照亮著我，也許就是我向同學們表白時，而在我鼓起勇氣前，我仍需帶著後悔的影子，度過晴空萬里的每一天。

小道具：影子

首段

外頭明亮的**陽光**，許多人的打氣聲和對手有自信的表情，頓時在教室裡屏氣凝神的氣氛中宣布成績的那一刻，我的心從**明亮陽光**中墜入**深暗洞穴**，找不到出口。

尾段

陽光是多麼燦爛，那一天我是多麼有自信，那一天班上的同學對我是多麼期待，卻因此變成灰燼，卻因此變成淚水，卻因此感到失望，那一次的我從明亮的陽光中，墜入洞穴，成了找不出口的螞蟻般的小。

小道具：陽光與洞穴

首段

天空中，一朵烏雲隱藏在廣大的白雲中，漸漸，烏雲脫離了白雲，在廣大的天空，顯得格外孤獨，而白雲與烏雲間出現了一條鴻溝，一條分明的分隔線，阻斷了它們。

尾段

天空，那朵烏雲依然在自己的小圈圈中獨自徘徊，獨自生活，永遠過不去那條鴻溝，只得一直以孤獨的方式存在，直到那條鴻溝消失以前，都得等待。

小道具：烏雲與鴻溝

首段

那天，**教室外的長廊**將我的身影拉長，天空瞬間烏雲密布，**打雷和閃電**與我的心產生共鳴，沉重的步伐促使我一步一步走離這**昏暗的校園**。

尾段

閃電和打雷不斷地和我的心編織痛苦，烏雲密布的天空和內心的心情起伏譜出一首首淒涼交響曲，領著我離開充滿指責的**校園**。

小道具：閃電、打雷、烏雲、校園（教室外的長廊）

現在，知道什麼是「作文小道具」了嗎？就是在文章中，先設定好一個物，這個物可以是任何的東西，無論是有生命無生命都可以，隨便你。但是這個物，必須要讓你有所感覺，並且能在最後一段也用上它，才能達成呼應的效果。

例如我們可以在第一段使用教室裡的「吊扇」來作為小道具，然後延伸寫到你看

到底要加什麼料

這篇文章，該怎麼安排呢？

開頭最好使用「首尾呼應法」，以小道具開始寫起。

而中間兩段最好的寫法，就是採用「夾敘夾議」的寫法。

也就是在一個段落中，有事件的敘述，再加上有事件的議論。

首先，你得先選擇寫作材料，運用【你可以這樣思考】中所提示的思考觀點來寫。

設定好自己要寫哪一個事件，然後先按兵不動，不在第一段寫事件。只是心裡先決定好要寫什麼事件即可。

然後在第一段書寫出當你難過的時候，眼前的世界會變得如何，找出一個物品作為小道具，運用首尾呼應法，從什麼東西開始聯想起自己的心境寫起。

接著，第二段馬上切入主旨，到底發生什麼事情讓你難過。

著它不斷地在天花板旋轉，思緒也跟著陷入回憶中，你想起了那一年坐在摩托車上出車禍的經驗，當你被撞跌落地時，眼睛看著倒在地上的車輪，仍在空轉著。

然後最後一段再寫出現在的你坐在教室裡，發呆看著天花板上的「吊扇」繼續旋轉，你永遠忘不了那年夏天，那一場讓人一想起就膽戰心驚的車禍。

很多人寫到第三段，就不知道該寫什麼了，總覺得第二段已交代的差不多，沒什麼料可以寫，所以會去寫一些風馬牛不相及的事件加入第三段，這是錯誤的。

當第二段寫完後，第三段可以繼續「延伸」第二段的感受，試著不要把該寫的事放在第二段就寫完，最好囉嗦一點，夾敘夾議地多描寫，以便延長書寫至第三段。但到底發生什麼事情，令你如此難過？一定要在第二段描寫出來，事件交代過程不需描寫得太過仔細，學會「講重點」，但必須誇張化、擴大渲染你的感受。

到了最後一段，記得要用「首尾呼應法」作結。去強調事件過後，這件令你難過的事是否已煙消雲散，或仍是一道怵目驚心的傷疤，顯而易見地出現在你的心中，使你時時刻刻仍想起它？

很多同學在安排段落時會這樣安排：

第一段先鋪陳，然後第二段寫事件，然後第三段再寫事件，接著，第四段寫感情，結束。

這樣的寫法會帶來什麼樣的作文內容呢？

請看！

〈我最難過的一件事〉

第一段

生活中不可能事事順心，偶爾會遇到一兩件不如意的事，要怎麼面對，不讓自己被傷心占據，才是度過傷心的辦法。

老師OS：
有乖乖聽老師的話先做鋪陳，還不錯。

第二段

我小學四年級時，有一天上游泳課，在換泳褲時，因為怕同學窺視，所以就很自私的把燈全關，心裡正想很愉快的換衣服時，聽到很淒厲的尖叫聲，接著就是一聲「砰！」，我趕緊把電燈打開，看到我的好朋友趴在地上，旁邊流著一攤鮮血，我急得像熱鍋上的螞蟻，於是拖著沉重的步伐，和一顆忐忑的心去報告老師。訓導主任立刻帶著保健室的阿姨來到泳池的更衣室，他們看過之後，說是滑倒，然後眼眶撞到椅角，所以主任馬上載他去臺大醫院。上完課，換回衣服後，我慢慢的走回教室，深怕他有個三長兩短。接下來的兩個星期，我被禁錮在這股罪惡感中，什麼事也不敢做。

老師OS：
第二段開始書寫「事件」。但敘述手法缺乏美感的呈現，讀來平鋪直敘，有點單調。事件寫太多，不夠精簡，「感覺」的部分則寫太少。

第三段

過了兩個禮拜，他回到班上，他把椅子移開，取而代之的是輪椅，腳打著石膏，最怵目驚心的是，他的眼睛有七條縫線，老師找我去，說：「還好偏了點，如果不偏不倚撞到眼睛，你就麻煩了！還好人家媽媽不追究！」聽到這，我的眼淚不爭氣地流下，我立刻跑去跟他道歉，本來以為會換來冷漠的眼神，沒想到他說：「沒關係啦！你也不是故意的啊！」我很訝異他的慈悲，也變得更難過。

老師OS：
書寫時仍以「事件為主」、「感覺為輔」，導致於情感上的渲染力不足。而且短短一百七十二個字，卻使用了兩句對白，而對白又超級口語化的，感覺很單調呢！

第四段

至今，他走進教室，那受傷的面孔，可怕的縫線，仍深深烙印在我腦海裡，他講

的話，我也記得很清楚。我很難過，為了一己之私，傷害了一個跟菩薩一樣的人；我很難過，破壞了一張純潔如天使的臉孔；我很難過，在他純淨的人生故事裡，添加了很大的汙點。

老師OS：
雖然作者很努力地想要用修辭法稍加修飾句子，使用了譬喻法及象徵法兩種修辭，但因為詞語的使用上缺乏美感，導致於整篇作文讀來只能夠得到及格分數，若真的想要拿下五六級分，詞語使用上必須更加的有層次才能吸引閱卷老師的目光。

客觀來看，上述所列的這篇文章不算一篇太壞的文章，基本上是可以拿到及格分數的。但畢竟今天我們所設定的分數是五級分、六級分，如果和【頒獎時刻──金筆獎】中所提供的範本來做比較，確實無論是在美感上或詞彙的運用上有很大的差距。尤其缺乏了「畫面感」，以至於很難使讀者進入作者的世界中，去感受作者當下的惶恐、不安，那種深深的愧疚感。

所以，遣辭用句，其實真的很重要，它是決定你分數高下的重要關鍵。

老師這麼建議你，我相信只要你願意配合著照做，你一定能快速進步。

把每一篇老師在【頒獎時刻──金筆獎】中的作文拿來仔細閱讀，並且去做一件事：

拿出你的筆來，將你不曾或很少寫的詞彙圈選出來。

你會發現，【頒獎時刻──金筆獎】中的作文運用了非常多較具美感，也較少出現在「日常生活」中的詞彙。

就像這樣：

窗外的世界不一樣，少了往常的日照，那種熱度映在臉上的溫暖，這個早晨，缺席了。**蒼穹**的微笑，消失了，它被轟隆隆的咆哮逼下戰場，大自然不再平靜、不再優雅、不再美妙，為何轉變如此大？這**片刻**的疑問在那一天得到了解答⋯⋯

試著每一次看看別人怎麼使用這些詞彙，然後強迫自己在寫作文時運用，相信不用多久，你一定會功力大增，打遍天下無敵手，成為最強的作文高手！

● 你可以這樣思考

先想一想，哪些事情會使你感到難過？

1. 考試考不好。

2. 努力準備了比賽卻沒有得到名次。
3. 身體受傷了，要過很久才能好轉。
4. 和最好的朋友吵架。
5. 好朋友轉學了。
6. 好朋友搬家了。
7. 被同學排擠。
8. 被老師當成眼中釘。
9. 覺得爸媽偏心。
10. 最愛的親人過世了。
11. 被誤會了。
12. 被拒絕了。
13. 想得到的東西得不到。
14. 欺侮同學，來不及說抱歉。
15. 被老師點名回答不出問題，班上同學哄堂大笑
16. 服裝儀容不整被罵，罵得狗血淋頭毫無自尊。
17. 被記警告。
18. 上學遲到。
19. 轉學，而且必須離開自己最熟悉的環境，在新環境還被排擠。

這件使你難過的事，最後有獲得什麼解決嗎？還是問題依舊存在，心中的傷疤也依然清晰可見？

1. 考試考不好：努力過後還是考不好，覺得自己是笨蛋，否定自己。
2. 努力準備了比賽卻沒有得到名次：一時的比賽失常，覺得沒有關係。
3. 和最好的朋友吵架：就算我怎麼努力修復我們之間的關係，他再也不理我了。
4. 身體受傷了，要過很久才能好轉：害我錯過最重要的畢業旅行，一輩子的遺憾。
5. 好朋友轉學了：再也不能常常見面，只能偶爾通電話，但時間一久，感情就變淡，也不再通電話了。
6. 好朋友搬家了：因為錯過約定道別的時間，沒有來得及說再見。
7. 被同學排擠：努力找出被討厭的原因，但沒有人要告訴我。
8. 被老師當成眼中釘：因為成績不好又愛講話，就算我努力改進不再上課吵鬧，老師也不願給我改過自新的機會。
9. 覺得爸媽偏心：不論對錯是不是在我身上，爸媽永遠要我讓妹妹，只因為我是哥哥。
10. 最愛的親人過世了：到現在仍然會想起爺爺慈祥的面容，我是爺爺拉拔我長大的⋯⋯
11. 被誤會了：就算我努力解釋，大家也不相信我所說的話，認為我是狡辯。
12. 被拒絕了：邀約朋友一起出去玩，卻被拒絕，而且拒絕的理由很傷人。

13. 欺侮同學，來不及說抱歉：曾經在同學的慫恿下，欺侮了班上的同學，最後同學受不了被欺負而轉學，我心中有虧欠，想說抱歉，卻已經沒有機會。

當人陷入難過的情緒之中，眼前的世界會變得如何？

1. 世界變得特別的吵鬧，突顯自己形單影隻。
2. 街燈的影子變得好長好長。
3. 紅燈好久，綠燈卻變好短。
4. 平常好笑的事物都變得無趣。
5. 咖啡變得特別苦澀。
6. 公車特別難等到。
7. 書包變得特別的重。
8. 時間過得特別慢。
9. 一樣的作業量卻感覺特別多。
10. 櫥窗裡的展示品變得遙不可及、好不實際。

為作文鑲上鑽石

默默不語　默默哭泣　安靜不語　失敗者　輸家　罪人　攻擊　指責　無助　難過

絕交　寂寞　孤獨　空洞　陰天　出氣筒　出氣包　受氣包　發洩　吶喊　怒吼

咆哮　炮轟　恥笑　不屑　無助　心酸　辛酸　嘲笑　傷人的話語　一字一句

鋒利的刀　安撫　撫平傷痛　沮喪　轟隆轟隆　打雷　下雨　颱風　幸福的光　淋溼

一道傷痕　瘡疤　泛起一絲絲哀傷　憂愁　亙古　恆久　悠久　漫長　千秋　萬世

天長地久　天荒地老　荒涼　嚎叫　空虛　壓抑　矛盾　思維　填補　安逸　晃蕩

旋轉　腐敗　瞭望　流傳　鼓舞　行走　偶然　翩翩　牽引　貯藏　掌心　浮蕩

纏繞　痊癒　純粹　劇烈　巨大的悲哀　內心的狂喜　篤定　蹣跚　熱淚盈眶

緊繃的弦　抑揚頓挫　時光流轉　滲透　沁入　昇華　提升

修辭一點靈

摹寫法

所謂「摹寫」，是指把外在事物的形狀、顏色、味道、感覺等，透過作者的眼睛、耳朵、鼻子、嘴巴等器官的感受，加以形容描摹的一種修辭方法。

摹寫可以分五種：視覺摹寫、聽覺摹寫、味覺摹寫、嗅覺摹寫、觸覺摹寫。

視覺摹寫：將眼睛看見的事物，包括：景象、色彩等描寫出來。

例句：

1. 那一片黃澄澄的稻穗訴說著農人一整季的辛苦。

2. 晚上，大家在院子裡乘涼，看著天上的星星，閃閃發亮。忽然看見草裡也有一閃一閃的亮光，原來是螢火蟲飛來飛去。

3. 陽光平鋪在窗外的草坪上，把草間上的露珠映成了一粒粒亮晶晶的珍珠。（吳敏顯《綠窗》）

4. 這些刨冰的添加物，像四果、仙草、粉圓、愛玉，或色彩鮮豔、或澄澈剔透、或方塊結晶，看起來都足以奪人眼目，令人愛不忍吃。（古蒙仁〈吃冰的滋味〉）

5. 在一塊畸零地上，淡褐色的樹身被穿過大廈間隙的陽光照得黃金般閃爍不已。（林燿德〈樹〉）

聽覺摹寫：將耳朵聽到的聲音描繪出來。

例句：

1. 窗外淅瀝淅瀝的雨聲，聲聲入耳，讓我的思緒翻飛。
2. 老母雞一腳扒著泥土找蟲，一邊咕咕的呼喚著她的小雞。
3. 當風溜過田野，我才聽見草葉摩娑的的沙沙聲，以及微風掠過耳邊的呼呼聲。
4. 串鈴鐺聲徹街頭巷尾。（古蒙仁〈吃冰的滋味〉）
5. 鞭炮聲「劈里啪啦」響個不停。

味覺摹寫：將舌頭嚐到的滋味描摹出來。

例句：

1. 這道菜不會太甜，不會太鹹，有醍醐味。
2. 東坡肉肥嫩多汁的油脂，香甜了整張嘴，肉塊不鹹不淡，充滿嚼勁。
3. 嘴裡的炒飯每一粒米都顆顆分明，軟硬適中，卻都不含糊的裹著蛋，透著胡椒的香氣。
4. 酸酸的葡萄，吃得我牙齒直打顫。
5. 酒味很純正，油豆腐也煮得十分好；可惜辣醬太淡薄，本來 S 城人是不懂得吃辣的。（魯迅〈在酒樓上〉）

嗅覺摹寫：將鼻子聞到的氣味描摹出來。

例句：

1. 廁所裡瀰漫著一股臭味，讓人聞了全身上下不舒服。
2. 來到郊外，空氣裡散發著一股淡淡的清香，讓人聞到了便覺得心情舒暢。
3. 梔子花的香，濃而不烈，清而不淡，也是我樂意的氣味。（林良《懷念》）
4. 整個屋子裡只有爸爸的書房是亮的。我常常走到書房門口去看他寫字，去聞菸草的味兒。（張曉風〈到山中去〉）
5. 陽光更濃了，山景益發清晰，一切氣味都蒸發出來。稻香撲人，真有點醺然欲醉的氣味。（朱自清〈看花〉）

觸覺摹寫：將手、肌膚觸摸後的感受描摹出來。

例句：

1. 秋季的夜，總是很美的，它並不寒冷，只是清涼。（陳醉雲〈蟬與螢〉）
2. 沁涼的微風輕輕地吹過我的臉頰，感覺好舒服！
3. 我感受到小鳥輕柔的羽毛，溫和的體溫，我很後悔把牠打傷了。（陳輔弼〈葬鳥〉）
4. 深秋的夜風吹來，我有點冷，披上母親為我織的軟軟的毛衣，渾身又暖和起來。（潘希珍〈髻〉）
5. 當你的手心感受到門把的金屬沁涼，銅合金的質感貼入掌紋，你曉得自己是清醒的，而且將要推開厚重的門扉。（林燿德〈白色的餐桌〉）

頒獎時刻──金筆獎

寫作範本

〈我最難過的一件事〉 林○瑋

晴空萬里的藍天下，我是隻自由的小鳥。悠閒、自在地倘佯於天際，輕拂而過的微風帶領我上未知的旅途，絲毫沒有察覺天氣的異變。一聲震耳欲聾的雷聲，刺穿了寧靜，響徹雲霄。四周的雲霧，更是染上了一層灰，迅速地變黑、變暗。我迷失於詭譎的烏雲中，只能向下、向下墜落。

那天，原是抱著信心滿滿的心情應試。剛上國中的我，不知國小課業與國中的差異，在大家拚命用功讀書時，仍認為只需草草看過一遍便能應付。當時的我，不知天高地厚，經過了五十分鐘的苦戰，才驚覺犯下了大錯。考卷上的試題，如同敵軍巧妙地突擊，使我毫無防禦的能力。擊垮了信心，擊垮了冷靜，只能躲在斷垣殘壁之後，驚惶的等待失敗之神的來臨。無助與徬徨，是糾纏於耳畔的魔音，懲惠著、摧殘著，將勇氣推下深淵。

那天，原本的自信，換來的卻是可怕的成績。考完試後同學興奮的笑聲、歡呼，變得格外刺耳。彷彿是隔著一塊玻璃看世界，一切變得好慢、好遠。這次駭人的成績，是一支鋒利的暗箭，每次想到，就更加徬徨、害怕。絕望，如同一片陰暗、憤怒的烏雲，籠罩著我的心，遮住了樂觀，甩也甩不開。回家的路上，那張考卷彷彿一塊

〈我最難過的一件事〉 蘇禹安

那一個畫面，是多麼如利刃深深地刺進我的心坎，它使我感受到的悲傷、痛苦，至今仍如一個永遠鎖住了內心一部分的鎖，使我心中的那一部分一直無法得到重生。

在我的記憶裡，那本該是個美好的一天，畢竟那天是我得到第一個五育優良獎的一天，但是，萬萬沒想到我還沒將獎狀及好消息帶回家時，當天下午，一個突如其來的噩耗便先被殘酷的命運之神帶進了家中。

那天下午，我仍在安親班，爸爸突然慌張地將我和弟弟接走，告訴我們外婆出車禍了，原來當天清晨由於霧氣很重，以致一個莽撞的公車司機撞到了外婆，而當我們趕到醫院時，卻見到現場低頭垂淚的親友，涕泗縱橫的媽媽，以及欲哭無淚的外公，才知道原來外婆已經被死神帶走了。

記得那時，看著躺在病床上帶著氧氣罩的外婆，只覺得她似乎只是熟睡了，但當我真正知道她已一去不返時，悲痛的情緒便如濤湧的波濤撞擊我的內心，在當下，與

千斤重的石頭，壓著我。公車似乎特別難等，時間過得特別慢，就連路燈的影子也拉得特別長。這片絕望的烏雲，吸引著世上所有的不幸，越來越大、越來越黑。自己的心，卻越來越渺小，突顯出自己的形單影隻。

人生中，並不是事事皆能順心，而是充斥著無數考驗與難關。那次段考的失利，雖帶來了失敗，卻也如同一劑強心針，提醒自己要更努力。雖已事過境遷，我仍會保留一小片烏雲，隨時警惕自己，不犯相同的錯誤。

〈我最難過的一件事〉 陳姵璇

坐在教室裡，看著窗外的白雲飄動，彷彿都在取笑我：走在長廊上，只聽得見自己的腳步聲迴盪在耳邊……

「噹！噹！噹！」同學們七嘴八舌的討論自己考試成績，老師一走進教室，大家突然安靜了下來，老師一一念出了大家的成績，當她念到我的成績時，彷彿全世界都靜止了，那成績竟是全班最低，看著考卷一次又一次的檢視，這確實是我的考卷：

當然不只我，相信身邊的親友也是如此，在外婆逝去之後的那段日子裡，整個家中都瀰漫著一股黑暗的氣氛，畢竟少了外婆的笑顏，一切都彷彿少了光彩，而一直到好一段時日之後，家中才漸漸地回復往常的和樂氛圍，但就總是少了一個極重要的部分，我們家好似一塊永遠缺了一角的拼圖，無法彌補了。

現在的我，至今仍不時會陷入那個惡夢中，那是一道永遠在我心中的深深傷痕，雖不願回首，但就是怎麼也忘不了，看來此種悲痛也只能以時間來稍稍撫平、淡去了。

這死亡的陰影就如同一朵大雷雲遮蔽了我本是晴朗的內心天空，我的內心瞬間陷入一團沉重的黑，無止盡的黑；死神的鐮刀在帶走外婆的同時，也用力的劃破了我的內心，吞噬了我的喜悅，將我原本雀躍的靈魂斬首，當時的我只能以「崩潰」二字來形容了。

外婆相處的美好時光如走馬燈般一幕幕地閃過我的眼前，最後卻被丟進死亡的大海。

時，我突然感覺有一股可怕的眼神望著我，一抬頭，大家正用生氣又嘲笑的眼神緊盯著我，一時之間，我不知道是這世界感覺變大了，還是我變渺小了？

放學了，四周傳來陣陣的咒罵聲，因為我，大家又失去了一張班級榮譽卡，走在路上街燈的影子拉得好長好長，其他人的嬉笑聲，彷彿都在嘲笑我那張「三十」分的考卷，我總覺得今天的書包特別重；雖然夕陽是多麼的彩色、繽紛，但在我眼中卻顯得多麼黑白、無趣，耳朵傳來一陣熟悉的聲音，是同學走在我前頭，她們正在談論今天的考卷，突然她們投以輕蔑的眼神，我的心被她們給搶走了，她倆正是我的好朋友；暈黃的路燈下，紅綠燈閃爍不停，這世界有如無情的老師，讓回家的路，原本五分鐘就到了，今天卻要十五分鐘……

坐在空虛的教室中的我，只剩下一個我，聽著樹葉的沙沙聲，風的呼呼聲，這世界真安靜；我收拾著東西走在走廊上，今天我是值日生，偌大校園中彷彿只剩下我，聽著自己的腳步聲迴盪在耳邊，天空依然燦爛，但我的心靈天空卻是正在下雨。

第四堂課
有你真好

【學習目標】
- 在真實事件中去渲染情感
- 人稱使用上的區別
- 排比法

主題課程

有你真好

說明：

在我們的生命中一定有個人會深深地影響我們。也許是家人、是朋友、是老師，甚至是一個素昧平生卻幫助了我們，解決了我們當下遇到困境的陌生人。因為這個人的存在，讓我們忍不住說了句：「有你真好。」現在，請你將心中的感動，化為具體文字，以〈有你真好〉為題，完成一篇感人至性的文章。

寫作觀念交流

〈有你真好〉，是一個很好寫的題目。

但是，這也是一個容易流於俗套的文章。

看到這題目時，必須先靜下心來思考：第一個浮現在你腦海的人，是誰？

大多數的同學選擇材料時，往往會先選擇與自己最親近的人物，也有少數人會把阿貓阿狗或天天抱它逛籃球場的籃球寫入此題，這種就不予討論，反正也只能拿「辛苦你寫那麼多字數」的安慰分。

和自己最親近的人物，有誰呢？

多數人寫父母，再來寫扶養自己長大的爺爺奶奶外公外婆。或是單親家庭裡總是擔任媽媽角色的姑姑；雙胞胎則在這時派上用場，通常會寫另一位手足，只是寫著寫著常又變成：有你怎麼那麼衰。

很多同學會問：老師你不是說要寫就要寫自己熟悉的題材嗎？

是的，這個題目你真的就是要寫自己熟悉的題材，但絕對不要為了題材新穎而冒大險，去寫了「有公車司機真好、有消防隊員真好、有警察先生真好、有乞丐真好⋯⋯」這些別人不太容易寫入題，而且你也不太熟悉的人物。

既然要書寫熟悉的題材，不就又和別人的選材差不多，都是寫爸爸媽媽爺爺奶奶外公外婆兄弟姊妹了嗎？

那要如何突圍而出，寫出不一樣的感動，在千篇一律面貌相似的作文中，讓人看見你文章中閃爍著不凡的亮光？

我們先來看看下列的例子：

同樣都是寫最要好的朋友，但是請你比較一下這兩個不同的第一段，哪一個比較能吸引你的目光。

A同學

無邊的蒼穹任憑鳥類翱翔；汪洋的大海接納每條溪流；心胸寬廣的你包容我每一次的無理取鬧。璀璨的星星點綴灰暗的夜晚；淙淙的流水灌溉了乾枯的田園；無私的你填滿了我空虛的靈魂。

B同學

每個人的生命中，都一定會有個人，在你背後默默為你付出，給你鼓勵。這個人，有可能是家人，也可能是朋友或老師，每當你遇到困難，感到孤獨，他總是給你愛與關懷。讓你不再寂寞、不畏困難地向前走。

相較於B同學的平鋪直敘，A同學則使用了各類修辭，用轉化及排比，鋪陳了蒼穹與海洋的包容，就像是「你」包容我一樣；又說了星星點綴了夜，流水灌溉了乾涸的田，就像是「你」豐富了空虛的我。多精彩啊！短短一個段落，將轉化、排比、譬喻融入其中，每一個字句都用心經營，卻又包含真實情感，而這樣豐富的意象，讓閱讀者讀來除了心有所感，更能看見為文創作者的巧思。

有一種觀點這麼說，寫作文最忌詞藻華麗的堆砌。

什麼是詞藻華麗的堆砌？我們來看看C同學的〈有你真好〉第一段與第二段：

第一段

旅程處處充滿了挫折，追求往往充斥著絕望，人生每每艱辛著夢想。漫長的路程，落下壓力的氣氛，但是唯有你，解開胸中那封鎖的心；只有你，譜出這枯萎的希望；僅有你，激放內心那癱瘓的鬥志。世上無與倫比的支柱，永不熄滅的力量──你，我最好的朋友。

第二段

在人生璀燦閃耀之處，你持續點綴著耀眼的成就；在人生混濁沉澱之處，你更是吐納著奮力的心血；當人生煎熬湍急之處，你更加療癒著繁雜的心靈。你為了那之間純真而動人的友情犧牲奉獻，認真費力的砌築情感，縱使那換上的是風風雨雨，即使帶來的卻是飽受粹煉的心思和心靈，你的人生和眼神流露出滿足，疲累的身軀卻使你萬分的活躍。你生存的動力源於朋友間的友誼，那是你命中的諾言，肝膽相照的奉獻，不屈服於名利，雋永地為你的諾言和奉獻搏鬥。

先回答我，你有乖乖讀完這兩段嗎？

還是讀到一半，就讀不下去了？

老實說，我也讀不下去。只因為我必須批閱，所以我得勉強讀完C同學的文章。

但滿分六級分的評分條件下，我只給了比及格分四級分多一點的分數，五級分！

相信從C同學的文章中，我們知道他的語文能力不錯，運用詞彙的能力也很強，

但為什麼在老師眼中只能拿到五分的成績，而不是滿分六級分呢？

首先，你先看看這篇文章到底要講什麼？你有「看見」文章中真實的情感嗎？還是只看到通篇華麗的文字，然而卻看不到作者與朋友間到底發生哪些事情，因而朋友在他的生命中有了不同的意義，成為他筆下的人物？

這種文章就是典型的詞藻堆砌。

寫文章跟畫中國水墨畫一樣，要懂得留白。整篇文章處處是焦點，處處是華美的文字，會使人產生一種閱讀上的壓迫感，堆砌出的文字不容易引起共鳴，就像是一位美女臉上還濃妝豔抹，臉上處處是焦點，反而使我們不覺得她美。

在這種華而不實的文章中，通篇除了美麗的文字，我看不到真實的情感。

但是如果你有真情真性，用了美麗的文字作包裝，同樣真材實料的商品，包裝精美點有設計感的，總是較吸引人，那麼書寫得美麗，有何不可？

像是：

迷失於黑暗中，疲憊的身軀，麻木的心靈，漫無目的地遊走。信心，已被一次又一次的考試擊落深淵；自尊，早已被課業推入無底的黑洞。茫然與無助，成了交織於耳邊的魔音。

此時，一道清晨的曙光印入眼簾。那溫暖又安全的光芒，點亮了世界；伴隨而來的春風，拭乾了我的淚水，溫暖了我凍結的心。讚美的琴聲響起，蓋過令人喘不過氣的死沉；一對溫柔的雙眸，一抹能點亮整個城鎮的微笑……啊！就是你，我最要好的朋友！

這樣的文筆優美，卻又有真實的敘述，我們可以看見一個被考試挫折擊敗的學生，在課業壓力大到喘不過氣時，他最要好的朋友出現，溫暖了他沮喪冰冷的心。

怎麼寫？以這段為例：

密技大公開

這篇文章要拿到高分，就必須交代清楚事件。

也就是我一直在強調的：在真實事件中，去渲染情感。

從小，因為媽媽工作上的不便，我便寄宿在阿姨家，而表姊就是我兒時的玩伴，

091　第四堂課　有你真好

也是我精神上的支柱。如果在課業上或生活上有任何的不順,她總是我傾訴的對象,她的言語就像一陣風,一陣春風,輕輕地帶走我心靈上所有的塵埃;她的文字就像無形的盾牌,為我抵擋所有的雜念以及惡魔;她的聲音,彷彿永遠迴盪在我耳中,不時地在我心中提醒、關懷,「有你,真好」是我由衷的感謝。

→這是事件

從小,因為媽媽工作上的不便,我便寄宿在阿姨家,而表姊就是我兒時的玩伴,她的言語就像一陣風,一陣春風,輕輕地帶走我心靈上所有的塵埃;她的文字就像無形的盾牌,為我抵擋所有的雜念以及惡魔;她的聲音,彷彿永遠迴盪在我耳中,不時地在我心中提醒、關懷,「有你,真好」是我由衷的感謝。→這是情感

也是我精神上的支柱。如果在課業上或生活上有任何的不順,她總是我傾訴的對象。

有沒有發現,這位同學的情感塑造方式,是用了什麼修辭法?

答對了,就是排比法。

排比法在修辭中是最最能夠塑造出韻律感的。

通常上過這堂課的學生,都能因此堂課程而學會使用排比法於文章中。

我們再來看看這段使用了排比法的美麗段落:

遇見了你，使我平淡無奇的生活，就像多了一層柔軟又七彩的泡沫，既輕盈又美好。你，像晨曦的一線曙光，在初曉時，照亮了內心深處的生機；你，像黃昏時的一抹彩霞，在黑暗來臨前，溫暖了金黃色的大地。如果我是天空裡的一片雲，那你就是那徐徐的清風，慢慢地推著我，讓我不會迷失方向；如果我是一棵大樹，那你就是隻啄木鳥，為我已被蛀蝕不堪的心靈療傷，你會聽細細地聆聽我所說的每一句話，陪伴著我走出最深的徬徨、害怕。

有同學看到這邊馬上反駁：老師！排比要有三句才算排比，兩句不算啦！

親愛的同學，如果你寫作時真的無法寫出三句排比，兩句也是可以的！不要在此糾結，我們要把重點放在：你有沒有能力寫出這樣的排比句，才是重點！

回到這裡來看：

你，像晨曦的一線曙光，在初曉時，照亮了內心深處的生機；你，像黃昏時的一抹彩霞，在黑暗來臨前，溫暖了金黃色的大地。

這裡連續寫了兩個複句，讓它成為排比句，去強調出文中的「你」對作者的重要性，就如同什麼一般。

接著，還沒完呢！作者又寫：

如果我是天空裡的一片雲，那你就是那徐徐的清風，慢慢地推著我，讓我不會迷失方向；如果我是一棵大樹，那你就是隻啄木鳥，為我已被蛀蝕不堪的心靈療傷，你會聽細細地聆聽我所說的每一句話，陪伴著我走出最深的徬徨、害怕。

是不是藉由這樣的一段文字，就讓我們知道文中的「你」是作者的依靠，當作者迷失，「你」的出現，就能指引作者走出迷霧，找到心的方向？

這就是好的排比。

那我們來看看，也是運用了排比法，卻寫得空洞的失敗例子，讓你看完後下筆，記得要小心，絕對不要也寫出了這樣的文句。

在每個人的生命中都一定會有個人深深的影響你。而一直深深影響我的人就是你，是你，在我墮落的時候，為我點亮了希望和光明；是你，在黑暗時，用希望的燭光為我明燈；是你，在我陷入黑暗中的時候，以那深深的眼神，殷殷盼我爬起了我而付出滿滿的愛與關懷，使我不受冷落、不再害怕，你也在我跌入坑坑洞洞的時候，讓我洞中爬起來；你還在我迷失的時候，伸出手讓我從迷失中清醒過來。

陳安如老師的高分會考作文課　094

首先這段文字的第一句話，因為人稱混亂已經夠令人迷糊了。

在每個人的生命中都一定會有個人深深的影響你。而一直深深影響我的人就是你。

到底這文中的你是同一個人，還是不同的人呢？

接著後面的文字，除了譬喻及象徵的部分交代不清外，寫來空洞，讓人看不出來到底這個「你」為什麼在作者的心中是這麼的重要。

好了！

我相信許多同學已經被「你你你你」給弄昏頭了。

不過，既然都講到這裡了，我要再提醒一個寫作時重要的觀念。

為文創作時，你愛怎麼寫沒有人會管你。

但是今天我們最現實的一件事情，以及你會拿起書本認真讀到這裡的原因就是：

為了讓作文拿高分。

所以接下來的內容可要給我好好聽仔細了！

寫作文時，除了題目中有寫到「你」，

095　第四堂課　有你真好

例如〈有你真好〉、〈○○○，謝謝你〉這種題目中明確的出現了「你」的題目外，其餘題目盡量不要使用第二人稱「你」來寫作。

因為我們不是寫散文、不是寫小說。所以該有的限制還是要乖乖配合，雖然會考作文並沒有明確這樣規定。

但為了成績著想，請乖乖配合吧！

寫會考作文，請一律使用第一人稱「我」來進行描寫。（但仍要學會依題目判斷。）

否則一直在書寫上使用第二人稱「你」，往往會使讀者有被指著鼻子罵的感覺。

像是：

A 同學

是誰？在你脆弱無助時拉你一把？是誰？在你找不到人生方向時為你指引道路？

B 同學

你懂得感謝別人嗎？還是面對別人對你的幫助，視若無睹？

C同學

你的成績若考得一蹋糊塗，到底是誰造成的？還不是你自己自作自受？

唉，知道老師批改作文的辛苦了吧？常常被同學們指著鼻子教訓呢！

說到這裡，某些好學不倦的學生就會問：那可以在文章中使用「他」來寫作嗎？

那我們就來看看這個同學用「第三人稱」所寫出來的「錯亂文」吧！

人生是一望無際的大海，我們就是大海中的船，船需要一座港口，在他受挫時供他停靠，在他疲勞時讓他休息。每個人都有他的港灣，港灣等待著他，不管他的歸來是成功，是失敗。我也有一個港灣就是我爸爸，他在我受挫時鼓勵我，在我成功時為我鼓掌，當我失敗時，他並不生氣，他鼓勵我，讓我繼續努力，直到成功。有他真好，謝謝你。

嗯……先撇開這位同學寫得好不好、人稱亂不亂的問題不說，光是看到結尾，就覺得好混亂了，到底該寫他還是寫你呢？

所以，為了避免發生這種把自己逼入絕境，寫作文寫到最後不知所云的狀況出

097　第四堂課　有你真好

現，題目既然已經出現「你」了，我們就該在文章中使用第二人稱來指稱書寫的對象。

● 你可以這樣思考

先想一想，生命中因為有誰的存在，而**變得美好**？

爸爸、媽媽、兄弟姊妹、最好的朋友、青梅竹馬、爺爺、奶奶、外公、外婆、同班同學。

這個人，他的存在帶給你什麼力量？

安定、堅強、勇氣、不怕輸、不怕失敗、樂觀、安全感、可以依靠的對象、可以讓我激動的情緒恢復冷靜、指點我未來的方向、讓我學習成為有智慧的人、告訴我的道理、讓我沉澱自己、培養我思考的能力、鍛鍊我，讓我不怕挫折。

想一想，哪一些人在你發生哪些事件的時候，出現在你的身旁給予你支持？

1. 爸媽：在我遇上挫折時，給我鼓勵。
2. 同學：在我遇上困難時，支援我。
3. 兄弟姊妹：在我有心事而難過時，聽我訴苦。

思考一下,如果沒有了這個人的存在,你的生活會變得如何?

4. 青梅竹馬:在我被排擠孤立時,在我身旁守候,讓我不孤單。
5. 爺爺奶奶或外公外婆:在我覺得迷惘徬徨時,指點我人生的意義。

1. 生命無依無靠。
2. 會不知所措。
3. 沒有安全感。
4. 覺得孤單寂寞。
5. 覺得沒有人能懂我、挺我。
6. 失去最強大的靠山。
7. 每天行屍走肉。
8. 對於生命沒有寄託。
9. 茫然不知道接下來該怎麼辦。

佳句補給站

1. 如果你懂得感謝,一路上都會有扶持的手,幫你鋪橋開路。
2. 凡事感激!因為我知道,挫折之後總會有一個更大的禮物等著我!
3. 受人點滴之恩,須當湧泉以報。

4. 一粥一飯，當思來處不易。
5. 感謝是愛心的第一步。
6. 感激與內心的平安是攜手同行的。對生命的恩賜越真誠地感恩，就越心平氣和。
7. 受人的恩惠，要不忘圖報，才不愧是君子；給人恩惠，不必掛懷，方是真正的仁人。
8. 因小惠而感謝的人是快樂的；一顆知恩的心也就是一顆偉大及快活的心。
9. 感謝是種美德，報恩更值得讚美。
10. 鋤禾日當午，汗滴禾下土，誰知盤中飧，粒粒皆辛苦。
11. 生活需要一顆感恩的心來創造，一顆感恩的心需要生活來滋養。
12. 羊有跪乳之恩，鴉有反哺之義。
13. 人生最快樂的不是得到什麼，而是得到以後懂得珍惜與感恩；人生最痛苦的也不是失去什麼，而是失去後的漠然與沉淪。
14. 感激使我們將他人的優點，變成自己的財富。（伏爾泰）
15. 感恩，就是記得別人的好，忘記別人的壞。
16. 感恩是身心綻放出來的最美花朵。
17. 歡喜和感恩是消除煩惱的力量。
18. 懂得感恩的人才是知足的人，必定是富裕的人。

陳安如老師的高分會考作文課　　100

為作文鑲上鑽石

荒涼	嚎叫	空虛	壓抑	矛盾	思維	填補	安逸	晃蕩	旋轉	腐敗	瞭望
流傳	鼓舞	行走	偶然	翩翩	牽引	沉甸甸	貯藏	掌心	浮蕩	纏繞	痊癒
純粹	劇烈	巨大的悲哀	希冀	屏氣	抹滅	悲愴	凝鍊	憧憬	束縛	綑綁
咀嚼	賦予	慷慨	騰騰	粗獷	隨興	痛快	沉澱	春雷	紛飛	翱翔	沸騰
懾魂	高亢	波瀾壯闊	瞠目結舌	踐踏	糟蹋	混濁	眼眶	啟動	侵略
禁錮	恣意	優游	神往	昇華	冀望	退縮	鞭策	掙脫	澎拜	滅亡	徜徉
諦聽	療癒	迴盪	牴觸	泡沫	幻滅	鍥而不捨	生命禮讚

修辭一點靈

排比法

將三個或三個以上結構相同或相似的語句，排列在一起，用來強化語氣，強調同一範圍的事項以表達出作者強烈情感的，就叫做排比法。

排比法基本上分為：詞語排比、短語排比、單句排比、複句排比。雖然考試時很少會問你排比法大約可分為幾種，但你一定要逼自己學會這幾種基本分法，因為它很簡單，而且用在作文的不同段落中可以產生不同的效果。

詞語排比：就是句子中的一些詞語組成了排比形式。

例句：

1. 馬路如虎口，記得停、看、聽。
2. 她的臉，看起來是那麼的溫柔、沉靜、動人。

哪些是詞語呢？以上面這個例句來看，溫柔、沉靜、動人，都是形容詞，連續三次使用，就是詞語排比。

有學生會說：那可不可以形容詞、動詞、名詞這樣擺在一起呢？當然不可以。這樣會很亂喔！

陳安如老師的高分會考作文課　102

短語排比：就是句子中的多個短語形式相同或相似。

例句：

1. 無人古堡的庭院，到處是蔓延的綠藤，叢生的亂草，醜陋的枯樹。
2. 涼涼的雨，冷冷的風，黑黑的雲，看來今天的天氣十分不好。

單句排比：就是由多個結構相同或相似的單句構成的排比形式。

例句：

1. 快樂的時光使人留戀，平凡的時光使人遺忘，痛苦的時光使人走得又緩又慢。
2. 未來充滿了希望，未來充滿了未知，未來充滿了許許多多的冒險。

複句排比：就是由多個結構相同或相似的複句構成的排比。

例句：

1. 如果你是月亮，我願是那星星；如果你是牧童，我願是那小羊；如果你是白雲，我願是那藍天。
2. 不需要羨慕別人，我相信我自己；不需要依賴別人，我依靠我自己；不需要高攀別人，我看重我自己！

103　第四堂課　有你真好

頒獎時刻——金筆獎

寫作範本

〈有你真好〉 鄧雅云

是你，在黑暗中為我敞開大門；是你，牽引著我走出憂傷；還有一個溫暖的肩膀，一個可以依靠的地方。

你，是海洋，那湛藍平靜的海面總是為我折射出希望，當我陷入黑暗、遍體鱗傷時，你總會用溫暖的話語，填補我內心的空洞。你，是太陽，散發出熾熱亮眼的光芒，為我蒸發了雨水、蒸發了徬徨，帶走了一切的憂傷。當我受委屈、內心無助時，第一個想到的解決辦法就是打電話給你，和你聊天說笑、分享心事，是我繼續向前的原動力。我們時常在一起玩、一起鬧，不管外頭風雨多大，依舊如此。謝謝你，陪我走過那些絢麗的曾經，雖然一路上跌跌撞撞，擁抱未來、擁抱希望、擁抱夢想，使我能有勇氣再一次站起來，擁抱未來、擁抱希望、擁抱夢想。

如果沒有你，我的世界必定會缺少一份色彩，我的畫作，也就不再那麼繽紛亮眼；如果沒有你，我的生命，就像是一幅少了一塊的拼圖，不再完整。你的存在，讓我知道人間也有天堂，一個不會被寂寞吞噬的地方。有你，時時刻刻關心我、支持我，陪我一起哭笑，讓我知道友情的溫暖、永恆的力量。因為有你，我的天空總是能出現彩虹，我的花園總是能綻放美麗的花朵。

〈有你真好〉 林〇瑋

迷失於黑暗中，疲憊的身軀，麻木的心靈，漫無目的地遊走。信心，已被一次次的考試擊落深淵；自尊，早已被課業推入無底的黑洞。茫然與無助，成了交織於耳邊的魔音。

此時，一道清晨的曙光印入眼簾。那溫暖又安全的光芒，點亮了世界；伴隨而來的春風，拭乾了我的淚水，溫暖了我凍結的心。讚美的琴聲響起，蓋過令人喘不過氣的死沉；一對溫柔的雙眸，一抹能點亮整個城鎮的微笑⋯⋯啊！就是你，我最要好的朋友。

每個人的生命中，都盼望著這樣不加修飾、毫不保留的關懷；真摯的暖流，湧入心中的空洞。你在我傷心、低落時，將滿滿的愛與鼓舞灌入乾涸的心田；在我孤獨、寂寞時，哼起了輕快的生命之歌，使我不受冷落、不再害怕。是你，修縫了我破碎的心；是你，輕輕打開我上了枷鎖、封閉的祕密之地，庇護著我最保守的思想、最深層的感受。

謝謝你，你的溫暖、你的安慰、你的微笑，讓我的心中不再是滂沱大雨，而是溫暖和煦的晴天；謝謝你，在我被烏雲籠罩時，散發出光芒，為我指引方向。因為有你，讓我能擁有停泊的港口；因為有你，我的心中不斷折射出彩虹；因為有你，我擁有一個能陪我一起玩、一起瘋、一起翱翔的朋友，謝謝你，有你真好！

你牽起了我的手，在田野間相互追逐；在雲層間自由地翱翔。你帶領我在想像力的點綴下，一起譜出動人的旋律，攜手創作一篇篇動人的故事，在自己編造的世界，神遊其中，你曾告訴我，凡事只要努力，沒有做不到的；在我們的合作下，我體會了夢想不只是虛幻的泡影，完成了自己的第一本小說，在這之中，你是我最大的「贊助商」，前進的最大動力。

朋友是可貴的，真誠的朋友是難得的，知己卻是一生之中最難求的。只要一個眼神，你便知道我的意思，只要一聲輕嘆，你便了解我的憂愁。有了這麼珍貴的友誼，我還能祈求什麼？

是你，造就了現在的我；是你，渲染了我的人生！有你真好，讓我們共度愉悅的童年，我的知己！

〈有你真好〉 曹宜萱

鳳凰花已在枝頭綻放，回顧這三年來，你一直默默地支持我、鼓勵我。你總是帶給我快樂，為我驅逐難過。每當在學校有委屈時，你總守護在我身邊，不斷地給我安慰，給我打氣。

每個人的心中，都有一個靠山總是了解自己，一閉上眼睛，就會想到那個人。感謝你的陪伴，與我共創美好回憶，感謝你相信我，陪我度過難關。每當我光榮的站在舞臺時，你會給我掌聲；每當我開心時，你會陪我玩耍；每當我失落時，你會輕拍

陳安如老師的高分會考作文課 106

我的肩膀；每當我痛苦時，你會聽我訴苦；每當我有欲望時，你會將我拉回正確的軌道。謝謝你對我的關心，有你真好！

謝謝你讓我的校園生活多彩多姿，下課時，你會陪我聊天、陪我散步、陪我跑步、陪我拉單槓。分組討論時，你和我分享想法、整理內容、找資料，我們總是形影不離。謝謝你無時無刻的幫助我。每當輪到我當值日生時，你會幫我擦黑板；當我來不及打掃時，你會幫我清理；當我功課不懂時，你會教我。你是我國中生活中，很重要的一顆星，點亮了我的黑夜。

有你真好！你就像太陽般，溫暖我的心；你就像風，能拭去我的淚；你就像高山，支撐著我；你就像避風港，為我擋住困難；你就像明燈，照亮了我的路途；你就像燈塔，指引著我的前途。當我需要幫助時，總會想到你的笑容，你的眼神。

儘管六月風吹紅了鳳凰花，吹近了畢業的腳步，不會吹走我們堅固的友誼。我最親愛的朋友，我心中對你有無數的感恩。我希望你的未來生活更充實，交到更多知己。謝謝你一直扶持我的手，為我鋪橋蓋路。我更想對你說：「有你真好！有你真好！你要展翅高飛，飛出光明的未來！」

第五堂課
掌聲響起的時候

【學習目標】
- 寫出具畫面感的作文
- 運用轉化法與視覺摹寫
- 類疊法

主題課程

掌聲響起的時候

說明：

掌聲，猶如一劑強心針，能使失意的人再度站起來；也能使努力的人更加確定自己的目標。當我們給予別人肯定，最直接的方式就是給予掌聲。你，渴望獲得掌聲嗎？或是一直以來，你都是扮演給予別人掌聲的那個人或是給予別人掌聲的角色，請你以〈掌聲響起的時候〉為題，寫出一篇夾敘夾議的動人篇章吧！

寫作觀念交流

該從哪裡開始寫起？

看到題目，先花一分鐘的時間思考，你生命經驗中贏得掌聲得那一次，是在什麼時候？

很多人看到「掌聲」這個題目，心裡會很慌張：怎麼辦？我從來沒有上臺表演過，我沒有贏得別人的掌聲過。

同學，別緊張，你的人生中一定有過很多的掌聲，只是人的思考太狹隘，看到題

目總會在第一時間被題目「框架」住。這時我們要跳出來看這題目，冷靜一點，想想看，在球場上，你是否曾經有過灌籃成功的經驗，而獲得圍觀的群眾給予熱烈的掌聲？

沒有？

好極了！

我也沒有過。我的人生中只有在國中時，因為太過於專注思考一些有的沒的事情，走路經過了籃球框下，剛好被灌籃的同學所灌下的那顆球，正中我的頭部「！」，一旁圍觀的同學爆出熱烈的掌聲與笑聲……

從那一天起，我才知道原來籃球框下是不能經過的。

那再想想，你有沒有游泳時努力游到終點，雖然你輸了，並未拿下冠軍，但遠遠落後別人的你還是努力地游到終點，雖敗猶榮，所有守候在終點的同學們給予你熱烈的掌聲？

或是，一向膽小害羞的你，那一天在教室裡被老師點名念課文，總是沒能好好把課文念完的你，終於在眾目睽睽之下，順暢而完整地念完課文，全班報以熱烈的掌聲？

生命中我們有很多的經驗可以寫。

有很多的作文題目其實是要我們去檢視自己的生命經驗。

就像〈那年夏天〉，要我們回憶生命中曾有過的場景，一個夏天的回憶。

或是〈不一樣的一堂課〉，讓我們去思考求學路上，最特別且最有收穫的一堂課。

這些題材都不是任何人能夠提供給你的。

我可以教你寫作技巧。

我可以告訴你如何謀篇布局。

我也可以告訴你幾個非常好用的小訣竅，讓你的作文看來很漂亮。

但我無法告訴你，你在哪一年的哪一天，曾經上了什麼特別的課，為你的生命帶來哪些不同的改變；我也無法告訴你，你是在何時何地，遇見你心中最美的那一刻；我更無法告訴你，你生命中帶著來不及的美麗嘆息，是怎麼發生的。

你的生命經驗要靠自己靜心去沉澱，每一次的寫作練習都是很好的訓練。

讓你看到題目後，去思考、去檢視：我有哪些生命的片段可以書寫？

只要你願意往你的生命回望，你就會發現你有好多的回憶被晾在那裡，等著你一一翻檢。

現在，請你去思考，你的生命經驗中，有那些時刻，掌聲曾響起，為你熱烈地響起，而你的心，有一股暖流竄過？

密技大公開

寫作想要有感染力，就得要有畫面感。但，什麼是「畫面感」呢？

我們先來看看以下幾個缺乏畫面感的例子。

從一年級開始，我接觸到了籃球，對籃球一見鍾情，因此每逢假日，一有空，就會到籃球場上享受打球的樂趣。在畢業前，學校舉辦了三對三籃球比賽，為了這個比賽：我犧牲了我所有的課餘時間去練習，每次都練到汗流浹背。等到真正比賽來臨時，我緊張不已，但是，我告訴自己要冷靜，最後得了女子組第一名，在臺上領獎時，拿到獎狀的那一刻，聽到掌聲響起，我的內心無比激動！

這樣的文字寫來優美，卻無法動人。該敘述的事件都描寫出來了，「緊張不已、告訴自己要冷靜、內心激動無比」在同學眼中看來，好像已經把「內心的感受」描寫出來了，但……總覺得缺少了什麼？

為什麼？

因為這位同學沒有寫出人人都會有共鳴的畫面感，我們只是從她的文字中看見了「發生什麼事情」與「事情發生的經過」，卻沒看到任何能夠觸動我們心靈的文字。

那該怎麼寫，才能夠寫出能夠**觸動心靈**，而且充滿**畫面感**的文字呢？

我們來看看以下四個例子：

A 同學的第一段

在布幕拉起的剎那，個個觀眾各就各位，正專心地望著同一個焦點——我，而我的腦海中只剩下微弱的呼吸聲，心情忐忑不安。

B 同學的第一段

沉默，打破了人群的喧鬧；靜，連窗外的一切都止住了，這一刻，恐懼、害怕、孤獨湧上心頭，雙手不停地抖動，手中的毛筆不停的點捺、律動，彷彿我在創造歷史，開創未來。

C 同學的第二段

我在一場表演中失誤。恐懼在心中蔓延，驅逐信心，帶來一片模糊，使我心跳加速，幾乎蓋過樂音，只留一片嘲笑聲，我在黑暗中掙扎，腦漿固化，思考停滯，失敗帶來一隻巨掌，壓倒我的信心、我的毅力、我的希望。我成了山下的孫悟空，經過的人不看我一眼，不理我的求救，因為我是失敗者，只能看著他們留下的腳印。

D同學的第二段

站在人生的聚光燈下，當自己成為全場矚目的焦點，在表演結束的那一刻，時間，凍結了，四周的吵雜，也安靜下來。只聽見，自己心臟緊張地跳動；只看見，臺下觀眾專注的眼神，頓時，如雷貫耳的掌聲劃破寂靜。那掌聲，是認同，是辛苦練習的成果，感動，從我的眼眶流瀉下來，多少的努力，就為了這一刻⋯⋯。

問問自己，這幾段文字是不是寫出了你我都會有的共同感受？我們曾經都有過這種忐忑，我們都有過這種所有目光聚焦在我們身上的一刻，那時，所有的不安、恐懼全湧上心頭，四周都安靜了下來，靜到我們甚至可以聽見自己的心跳「噗通！噗通！」地跳著。

這就是能夠使我們產生共鳴的文字。

當然，我也看過努力營造出使人有共鳴的文字，但文字實在不甚優美，也許能使人在閱讀時笑了出來，卻絕對拿不到高分。

站在舞臺的聚光燈下，我發現自己變成目光的焦點，在表演結束的那一刻，所有的時間，凍結了，四周的吵雜，也安靜下來。那時的我，緊張到整個人都快「挫」起來！如雷的掌聲響起，太感動了！一切，都快到讓我「屎尿未及」！

老師OS：
這位同學書寫時用太過直白的方式表達，只能說該生「鄉土氣習」甚濃。

到底要加什麼料

寫〈掌聲響起的時候〉這篇作文時，請你先來比較看看〈掌聲〉這道題目比較好寫，還是〈掌聲響起的時候〉這道題目比較好寫？

首先，你要先學會判斷〈掌聲〉是比較「寬」的題目，還是〈掌聲響起的時候〉是比較「寬」的題目。

答案是〈掌聲〉比較寬。它可以從很多不同的角度切入去寫。可以用論述的方式寫，可以用記敘的方式寫，也可以用抒情的方式寫；而〈掌聲響起的時候〉則要著重於當「掌聲響起」的「時候」，當下眼睛所見的畫面，心中所想的感覺，進而再深入地去寫到，過去為了此時此刻的榮耀，付出了多少的心力與辛勞。

但會考作文有一個很重要的一點，就是希望學生能夠抒發個人感受。

很多學生寫作文時，常常因為缺乏個人相關經驗，寫著寫著就寫到別人的故事去了。熟背偉人傳記或名人故事的，就寫某個偉人成功的時刻。肚子裡缺乏墨水的，就寫爸爸媽媽或周遭同學的經驗，然後開始批評批判，卻忽略了寫出自己的經驗。

很多學生都會在第一段就開始告訴讀者：我在參加了〇〇〇活動時得獎了，然後那個時候就掌聲響起來了。掌聲響起來時我的內心無比的感動啊！淚水不禁在兩頰滑

落，滴滴淚水晶瑩如珍珠般剔透……

或者是一提起筆欲罷不能地寫下去，結果忘了分段。

老師OS：
分段的方法，我們這裡暫且放到本課後面再談。

第一段究竟如何寫會比較好呢？

還不太會書寫作文的同學請看這裡：

第一段謹守一個原則，就是針對題目做「延伸性的書寫」，也就是「解釋題目」。

到底是什麼意思呢？

就是我們必須自己為題目「下定義」。

如果題目是〈掌聲〉，就用譬喻法去寫掌聲是什麼？

例如：

卡！

掌聲是一劑強心針，為沮喪軟弱無力的我增強信心，讓我更有勇氣挑戰下一道關

又或是：

掌聲，代表著肯定和恭喜，有了掌聲，我們才能夠擁有信心，挑戰下一道關卡。

又像是：

有人說：「掌聲是種肯定、是種鼓勵，是種將人推向成功的原動力。」一個簡單的動作，一次清脆的聲響，一個肯定的眼神，就可以鼓舞人心，讓我們昂首地向前方邁進。

解釋題目，是很重要的一個寫作步驟，為題目下了定義，也就代表你確立了書寫的方向。

老師覺得比較危險的一種同學，就是看到題目會先「嚇到」，腦袋裡想著的是：

「啊！完了，這是什麼爛題目啊！」

這種看到題目先咒罵個幾聲的同學，通常下場是在「玩轉筆」這件事中消磨掉他的考試時間，心中已經有了「這是什麼爛題目啊！」的想法阻撓自己努力思考。最後寫沒幾個字就寫不下去，這種是最慘的。

第一段如果能夠用摹寫法去營造出畫面感，離滿級分的作文就近了。因為除了轉

化法外，視覺摹寫也是寫出具畫面感作文的重要手法。

第九局下半、二出局，滿壘，球數二好三壞，比數十一比九，在投手眼中，散發著熾熱的光芒；而我，則是緊握球棒，拿出全身力量，給予最後一擊！

老師OS：
視覺化的摹寫，眼神散發的光芒，以及緊握的球棒，營造出高潮。

在黑暗中的唯一光點，就聚在我的身上，最後兩秒投出的那顆三分球是全隊的希望，我毫不留情地將希望一股腦兒扔了出去，清脆的籃網聲是喧嘩的轉捩點，接著就是一陣如雷貫耳的掌聲。

老師OS：
寫出了視覺摹寫以及聽覺摹寫。

獨自眺望碧海的蒼穹，心裡那抹灰就淡一些；輕風吹散鬱結的靈魂、世俗的煩悶，潺潺流水入耳，交織成動人的樂章，但這卻比不上他那細微的掌聲，我彷彿望見，他那天的笑靨……

119　第五堂課　掌聲響起的時候

老師OS：

視覺化的摹寫，鋪陳掌聲即將到來。

運用視覺摹寫是非常重要的。基本上書寫會考作文必須結合抒情、論說、記敘才能使整篇文章不流於單調蒼白。

很多的學生會這麼寫出他們所誤以為的視覺摹寫：

A同學的第一段

記得有一次八年級籃球比賽，大家都拚命地練習，大家都努力地練習，大家都勤奮地練習，一直不停地練習，希望可以在籃球比賽中，拿下冠軍的寶座。大家就利用午休，放學等課餘的時間進行練習，直到比賽當天，裁判大聲地說「比賽開始」，我們就帶著球，希望可取得勝利，希望拿到冠軍，奪得第一名的寶座。

B同學的第一段

為了準備這八篇演講稿，我每一天都說客家話，並且不能說太多國語，目的就是為了讓我比賽時能把客家話講得更道地。在練習的過程中，我常常講了一小段，就被老師嚴厲地糾正、斥責，而一度不願意繼續向前，但經過了一番努力以及多次的失

敗，我終於可以把演講稿背得非常流利了。時間一點一滴地流逝，轉眼已經來到了市賽的前一個禮拜，這時又有一項更難的考驗——到公園以及商店門口大聲地演講給路人聽，雖然我有百般地不願意，但是在逼迫之下，我終於完成了這項任務。果然，我獲得了人生中第一次如此熱烈的掌聲，得到了亮眼的成績。

這兩位同學的第一段，都老老實實地寫出了「事件發生的經過」，卻缺乏了「當事情發生時」，「內心的感受變化」。一定要記得，寫作文必須「夾敘夾議」，一篇單純只有敘述事件經過的作文，寫來會很「乾」。

那麼，什麼是寫來不「乾」，很精彩的作文呢？

C同學的第一段

窗外、窗內，所有的人都屏氣等待著這一刻，聚光燈的焦點凝聚在舞臺上的得獎者身上，一雙雙明亮的眼睛閃爍著、閃耀著，不想錯過任何一幕精彩的畫面……

老師OS：

作者從視覺化的摹寫開始，我們彷彿跟著作者的眼光從窗外移到窗內，彷彿看見所有的人都屏氣凝神的等待著，還看到了聚光燈聚焦在得獎者身上，作者描繪得多仔

121　第五堂課　掌聲響起的時候

細啊，所有的人的目光，閃爍著、閃耀著，似乎不想錯過任何的精彩畫面，把即將頒獎的情景描寫得極為精彩，整個視覺化的描寫充滿著戲劇性。

D同學的第一段

在那一刻，時間彷彿暫停了；在那一秒，地球彷彿停止轉動了。那時，我只聽得到自己的心噗通噗通地跳著；那時，我只看得到揮灑在地上的陽光閃閃發亮著。一切是那麼的寂靜，一切是那麼的緊張。

突然，天籟般的掌聲響起，我不敢相信我的耳朵，我們真的得獎了，真是太好了！

老師OS：

這位同學也很強，也是聚焦在描寫即將頒獎的時刻。甚至讓讀者看了也想起自己生命中曾有心臟噗通噗通地跳著，好像都快從嘴裡跳出來的緊張時刻。視覺化的摹寫，除了描寫出自己以外，還帶到了陽光，揮灑在地上的陽光閃閃發亮著，又暗示出即將到手的獎牌，也是那般耀眼，真了不起的寫法！

要知道怎麼分段的同學，這裡看過來！

針對會考作文而言,到底要寫幾段最剛好呢?

基本上我建議同學,寫作時最好文分四段或五段。

如果說你今天是個寫作高手,你每次都能在五十分鐘內寫到七百至九百字,那麼老師會建議你寫分五段;如果你對自己的寫作能力不具有太高度的期待,可能只能在五十分鐘內寫到五百字或六百字,那麼寫四段剛剛好。

我不太能夠理解的是:很多同學聽到要分段,常常會唉唉叫。我猜想是因為不知道該如何分段,所以才會叫得那麼悽慘。基本上該如何分段,我覺得對學生談起承轉合太籠統也太難懂。而且現在的作文題目那麼多樣化,不是用起承轉合去解釋分段方法就能夠講清楚談明白的。

所以,當我的學生問我:「該怎麼分段呢?」我都會回答:「當你想寫不下去時,你就寫下一段吧!」

但,有個先決條件就是:請寫出「小頭小屁股大肚子」的作文。什麼意思呢?以作文字數約莫六百字的作文分四段書寫的話:

首段(即第一段),大約寫個兩三行即可,千萬不要寫到七八行那麼多。

中段(即第二段、第三段),每段寫個九行、十行。

尾段(即最後一段),則每段寫兩三行即可。

若以作文字數約莫七百至九百字，文分五段來看：

首段（即第一段），大約寫個兩三行即可，千萬不要寫到七八行那麼多。

中段（即第二段、第三段、第四段），每段寫個九行、十行。

尾段（即第五段），則每段寫兩三行即可。

請注意！

以上段落分法，是給到目前為止覺得分段很難，常常不知道該如何分段的同學建議的；若你是個能夠處理好分段的同學，請不必理會，因為永遠要記得一件事情，寫作是自由的，沒有標準答案，也沒有對錯，老師在這裡所提供的，是一種方法，但也許你有更好的方法，那麼你愛怎麼分段，就怎麼分段。

但是，希望你在自由分段的情況下，可千萬別寫出那種首段超級長，其他段都寫得短短的「大頭作文」或是首段、中段都短短的，尾段卻超級長的「大屁股作文」。

唉唷，難看呦！

● 你可以這樣思考

想一想，你曾做過哪些事情而贏得掌聲？（這掌聲不一定是指真正的掌聲，連肯定的眼神都算數）

1. 在公車上讓位。
2. 幫助老人過馬路。
3. 考試考得很好。
4. 寫一篇好文章，老師朗誦給全班聽。
5. 回答問題、提出解決問題的好方法。
6. 在極短的時間解開魔術方塊。
7. 得獎。
8. 大隊接力超過對手。
9. 表演很精彩。

要贏得掌聲須付出些什麼東西？努力做些什麼？

1. 堅持下去，遇到困難也不退縮。
2. 認真努力不因旁人的訕笑而洩氣。
3. 相信自己可以做到，繼續耕耘。

當掌聲響起的時候，覺得周遭的一切當時有哪些改變？

1. 這一刻，時間彷彿停止走動；這一秒，一切有如被凍結；這一剎那，令人產生莫名的緊張感，劃破寧靜的，是場邊此起彼落、如雷貫耳的掌聲，樹上清脆的鳥囀，持續地點綴著這熱鬧的環境，有一瞬間，只聽見心在強烈地跳動著，一股喜悅湧上心頭，不理會所有的一切，彷彿只有我，享受著所有的欣喜！

2. 當這些掌聲出現時，時間就像被施了魔術般，暫停了，我熱淚盈眶，腦海開始放空，整個人手足無措，在臺上怔住了近十秒鐘，我忽然想起該做什麼，才鞠了躬，緩緩下臺。

3. 如雷貫耳的掌聲，是幽谷中成千上萬的蝴蝶，飛起的剎那，我眼眶裡滿滿是激動的淚水。

4. 在黑暗中的唯一光點，就聚在我的身上，最後兩秒投出的那顆三分球是全隊的希望，我毫不猶豫地將希望一股腦兒扔了出去，清脆的籃網聲是喧嘩的轉捩點，接著就是一陣如雷貫耳的掌聲。

4. 每天花上非常多的時間練習。

5. 犧牲休息時間，持續做準備。

6. 被家人否定，也要堅持做給他們看！

7. 就算承受著極大的壓力，仍是咬著牙繼續。

5. 那一次的比賽，彷彿整顆地球都為我們屏息以待，緊張的汗水如午後雷陣雨般地冒出，浸溼了白色的戰袍，這一刻，地球不再匆忙自轉，流水不再急促奔流，凍結的時間，靜止的觀眾，令人窒息，當裁判宣判我們獲勝後，歡動如雷的掌聲劃破了天空，就為了這一刻的榮耀，我們流再多的汗都值得。

佳句補給站

1. 醫學界曾經公布一則有趣的新聞，那就是：「多拍掌有助血液循環。」
2. 每一聲掌鳴，都是一個偉大的驚嘆號！
3. 掌握自己，掌聲響起。
4. 越飽滿的穗越往下低垂。
5. 不要在懷疑與恐懼中浪費生命。（愛默生）
6. 人生是花，而愛是花的蜜。（雨果）
7. 世界上最寬廣的是大海，比大海寬闊的是天空，比天空寬闊的是人的心靈。（雨果）
8. 不經一番寒徹骨，焉得梅花撲鼻香。
9. 天上下雨地上滑，跌倒自己爬起來。
10. 遇到困難時，不是用眼神哀求、言語喝止，而是用雙手扭轉它。（海倫・凱勒）
11. 人生，不是一條鋪滿玫瑰花的坦途；人生，每天都要面臨一場場的戰鬥。（羅

曼・羅蘭）

12. 鼓勵自己的最好辦法，就是鼓勵別人。（馬克・吐溫）
13. 喝采和鼓勵可以讓自卑走出下限的泥沼。（史賓塞）
14. 掌聲可以使一隻腳的鴨子變成兩隻腳。（卡內基）
15. 使對方知道：你相信他有能力做好一件事，他在這件事上很有潛力，那麼他就會廢寢忘食，努力把事情辦得更好。（卡內基）

為作文鑲上鑽石

囂張跋扈　毫不留情　喘息　懈怠　緊繃　崩潰　潰不成軍　如雷貫耳　映入眼簾

欣喜　榜樣　肯定　認同　不安　靜默等待　榮耀　獲勝　風度　勝不驕，敗不餒

氣餒　高尚　昇華　君子　榮耀　不吝嗇　風采　注目　全場焦點　劃破寂靜

如雷掌聲　理直氣壯　光陰匆促流轉　時光流轉　時光倒流　沉思　偌大　靜寂

悄然無聲　昇華　沉醉　謙虛　永恆　繽紛亮眼　響亮有力　驅使　向前　動力

鼓舞　流洩　真摯　洋溢　懷抱　自信　舞臺氛圍　豐盈的感動　內心的荒原　疑慮

辛苦的代價　虛懷若谷　欲望無窮無盡　塡滿　喝采　自嘆不如　歡動如雷　頌揚

璀璨的果實　複雜的情感　口齒不清　侃侃而談　砥礪　磨練　茁壯　蓄勢待發

補充能量　養精蓄銳　流竄滿身　感動　迴盪腦際　澎湃　泉湧　寄託　謳歌　擷取

矗立　慰藉　支撐　東山再起　不服輸　骨氣　鬥志　蹣跚　博得滿堂彩　氣勢

震耳欲聾　光環　彌補　掌聲如暴雨般狂至　驕傲　悅耳　高亢　激昂　築夢

逐夢　不屈不撓　鞭策　褪色　壯闊　壯闊如波瀾　塑造　推動　脫穎而出

四面八方　波濤洶湧　淋漓盡致　迷惘　失落　徬徨無助　顚簸　蛻變　彌足珍貴

絢麗的光彩　心跳停止　寧靜　仔細聆聽　沉靜　爆發的火花　熱淚盈眶　久久不能自己

無影無蹤　瞬間沸騰　耕耘　開花結果　血淚交織　動容　撼動人心的聲響

施比受更有福　黯淡無光　目不轉睛　爲我打了一劑強心針　犒賞　力爭上游

隻字片語　蒼穹　宇宙　苦盡甘來　繚繞　刹那　頃刻　霎時　瞬息

修辭一點靈

類疊法

在語文中，接二連三地反覆出現同一字詞、語句的修辭法，就是類疊法。

類疊修辭可以分為：疊字、類字、疊句、類句。

疊字：在文句中，重複使用同一個字詞，叫疊字修辭。

例句：

1. 這些花花朵朵都是我親手栽種的。
2. 由於這些花，我自然而然的想起北平公園裡的花花朵朵，與這些簡直沒兩樣，然而我怎樣也不能把童年時的情感在回憶起來。（陳之藩《失根的蘭花》）
3. 青草湖一代的山山水水都是十分明秀的，使人心曠神怡，流連忘返。（韋竣《春遊記趣》）
4. 聽聽鳥兒的歌唱，聞聞泥土的氣息，嗅嗅花兒的芬芳，看看浩瀚的大海，數數飄飄的浮雲。（蘇慶隆〈接近大自然〉）
5. 臺北的雨季溼漉漉、冷淒淒，灰暗暗的。（羅蘭〈那豈是鄉愁〉）

陳安如老師的高分會考作文課 130

類字：凡文句中，間隔地使用同一個字詞，叫類字修辭。

例句：

1. 上班要準時，吃飯要定時，趕車要及時，約會要守時。
2. 一片又一片的葉兒閃爍著，就像一雙少女的眼睛。
3. 她平時話不多，說話像是釘子釘在木板上，一句是一句，沒有廢話。
4. 夢見麥子在石田裡開花了。夢見枯樹們團團歌舞著圍著火，夢見天國像一口小麻袋。（周夢蝶《六月》）
5. 腳在何處，故鄉就在何處，水在哪裡，道路就在哪裡。（余秋雨〈三峽〉）

疊句：在句子中，重複使用同一個語句，就叫做疊句修辭。

例句：

1. 雕龍的簷下，有鸚鵡在叫著：「秋風起了！秋風起了！」
2. 喊我，在海峽這邊；喊我，在海峽那邊。（余光中《春光遂想起》）
3. 大地，向我親切的召喚；田園，向我親切的召喚。
4. 盼望著！盼望著！東風來了，春天的腳步近了。（朱自清《春》）
5. 明天我要嫁給你啦！明天我要嫁給你啦！要不是每天的交通煩擾著我所有的夢。（周華健〈明天我要嫁給你〉）

頒獎時刻——金筆獎

寫作範本

〈掌聲響起的時候〉 方煜太

十指和掌心之間，力與美的結合。這就是掌聲。

當掌聲響起，是奧斯卡或葛萊美獎的頒獎典禮，主持人公布得獎人的瞬間；當掌聲響起，是籃球選手飛離地面，騰空做了個完美的灌籃的當下；當掌聲響起，是國家領導人給了一場振奮人心的演講，鞠躬的時候。任何時候、任何地方，都能聽到掌聲，那永不停息的掌聲。

回憶國小時，我是英文演講比賽的常客。經歷過無數次的戰役，不斷的比較、鬥爭，在國小的最後一年，我被競選代表學校參加臺北市的英文演講比賽。初獲這光榮「使命」的我，心中昂起了如巨浪般的興奮，盡是想為學校爭光的那種激昂鬥志，好似熊熊烈火在燃燒。但是，除了沖昏頭的興奮，剩下的是擔憂與恐懼。縱使我參與過多次演講，有足夠上臺經驗，仍然會有出錯的時候；更何況，這次演講，面對的是臺北市無數公私立小學派選，菁英中的菁英，獲勝的機會是如此之渺茫。然而，我絕對不會向挑戰低頭認輸。旅程已經展開，來不及回頭了，我要繼續堅持下去。

演講比賽的那天，我做好失敗的心理準備，接受挑戰。隨著演講者一個個上臺，又安然自若地下臺，我的心也跟著上上下下，起伏不定。當主審叫到我的名字時，腦

132　陳安如老師的高分會考作文課

袋裡那最深的恐懼不知為何又再度浮現。頓時，我的記憶像照片般一張張被刪除，一點一滴地流逝。我趕緊上臺，想開始我的演講。悲慘的是，命運之神還是不肯「放棄」我，打算繼續它卑劣的玩笑。走上臺的這段路，感覺比開車經過雪山隧道還要漫長。在我眼前，一切都成了慢動作。主審、其他評審，以及其他參賽者，好幾百雙眼睛無一不瞪視著我，如老鷹般銳眼，是那麼地強烈，那麼地犀利。當我好不容易走上臺，腦中的記憶早已被格式化了。我一開口，彷彿就有數千隻手想摀住我的嘴巴。每當我停頓、遲疑，感覺便能聽到尖酸刻薄的冷嘲熱諷，吐出每個字，都是那麼困難。

終於，我鞠躬，準備結束這慘不忍睹的悲劇。不過，就在我轉身要步下臺的那一刻，我聽到了聲音。起先只是零零碎碎的，隨著時間的增長，演變成了驚天動地的震撼巨響。這些聲音，就是掌聲。看見競爭對手都毫不吝嗇地給予我掌聲，臉上那感動的淚水，早已情不自禁的滴落……。

掌聲，是十指與掌心之間，力與美的結合。一個輕微的舉動，看似微不足道，但在接受者的眼裡和心中，卻是說不出的激動和感謝。掌聲，是最不浮華的讚美，最樸實、簡單，最真誠的感動。

〈掌聲響起的時候〉　許瑜娟

　　黑暗、寂靜的籠罩下，唯有一道光線照亮了舞臺，全場的目光聚集在此，多少的汗水、淚水都在這一刻舞臺上展現，突然，掌聲劃破了寧靜，此起彼落徘徊在你我之

133　第五堂課　掌聲響起的時候

間，那一刻的感覺是多麼興奮，熱淚盈眶，為自己感到一切都是值得的。

每回一展開報紙，打開電視螢幕，都是一幕幕感動的畫面，觸動了所有觀察的心弦。看到了得獎者又哭又笑，那亮麗的一刻，並說到「謝謝各位給我的肯定，我會努力的！」不禁讓我回想起中年級時，稚嫩的我跨上滑冰場參加比賽的時候，我是多麼的緊張，要在評審及上百位觀眾前展現自我，是非常不容易的，但是我決定跨出這一步，努力最到最好，在最後一個姿勢時掌聲驀然響起，歡呼聲迴盪在耳際，鼓舞了我，振奮了我，當我博得滿堂彩時，我感受到了勝利的喜悅，沉靜在掌聲的沐浴中，才體會了生命的喜悅。

一個掌聲背後是付出了多少汗水、淚水、心血甚至血液，在臺下的觀眾有所不知，要勇敢站在眾人面前，需要多少勇氣及辛苦的淚血，需要多少的時間練習，所謂「臺上一分鐘，臺下十年功。」就是驗證站在臺上的每一個人。一個掌聲，就是帶給我們希望的泉源，帶給人間溫暖：一個批評，就會讓世界變得黑暗，是要世界充滿掌聲還是批評聲呢？是要世界溫暖還是冷血呢？掌聲可以改變一切。

「掌聲」比贏得冠軍還重要，是每個人都渴望得到的，它就如同一劑強心針，能帶來希望，散播溫情，它就代表著眾人的讚賞，不管付出了多少的努力，能獲得如雷貫耳的掌聲，一切都是值得的！

陳安如老師的高分會考作文課　　134

〈掌聲響起的時候〉 薛宇晴

在布幕拉起的剎那,個個觀眾各就各位,正專心的望著舞臺上的同一處焦點,而我的腦海中只剩下微弱的呼吸聲,心情忐忑不安。

七年級的暑假,我代表學校參加一年一度的演說,雖然早已練習過數次,卻還是絲毫沒有信心,原本事先做好的準備,也消失在渺渺的希望中:緊張與害怕整整包圍我心,隨著時間一分一秒的過去,終將輪到我上臺,當主持人報上我的號碼,便是我決定勝負的開始,但,重大的壓力中我的腦中就越是空白,心底的恐懼,緩緩在臉上表情展現,遠遠瞥見父母期待又把握的眼神,彷彿又是巨大的石頭往心上壓,壓得我快吸不到新鮮空氣,口中念念有詞,整個人卻是像根木頭般動也不敢動。

當我說完第三段時,卻因為之前的不用心,而不知道該如何做結尾,手不停的緊抓衣口,隨意說了幾句,便下臺敬禮,心知肚明觀眾一定十分的不解我的說詞,更別說父母親十之八九是難過了,滿腹的辛酸與心痛遠遠超越我的想像,一次次的陣痛,有苦說不出,我真的好難過,此時此刻,全場的掌聲響起,腦中的空白一瞬間又變彩色,剛剛的演說快速的從腦海裡流過,我這才明白,平時努力的基礎,為我贏得了眾人的掌聲,抬頭一看,雖然人山人海,但我注意到的卻唯有父母對我肯定的目光,突然間時光如同停止,我沉醉眾人的掌聲中,與自我的快樂裡,大家口中的讚美就像一朵朵美麗芬芳的花,綻放在我心頭,帶給我無數的感動。

比賽過後,看著當時上臺演說的影片,彷彿又再一次回到過去。全場的熱情鼓舞,為我帶來許許多多信心,雖然比賽時的恐懼,使我有多次想放棄離開,但現在回

想起來，我真的做到了，我戰勝上臺的恐懼了。掌聲，有如一劑強心針，讓我從懦弱轉而為自信，站在臺上，勇敢展現最好的一面！

第六堂課
夏天最棒的享受

【學習目標】
- 選擇容易發揮的題材
- 主題的重要性
- 誇飾法

主題課程

夏天最棒的享受

說明：

豔陽高掛，暑氣炎炎，有時讓人精神振作、充滿活力，有時又使人汗流浹背、苦不堪言。你可能很喜歡在酷熱的夏天裡運動、閱讀、乘涼，甚至吃火鍋……。你覺得在夏天最棒的享受是什麼？請寫下你的經驗、感受或想法。

寫作觀念交流

這個題目感覺上很好寫。

有許多人會寫夏夜賞螢、在雨中淋雨、夏夜賞月或是寫夏天在球場上盡情揮汗的情景。

的確，只要寫出你在夏天真正會去做的事、吃的東西，而且會讓你覺得很享受的事物，就真的能寫得滿滿的。

但是要寫得好，就不容易了。

因為很多同學都會寫得很廣泛，泛論做哪些事情感到享受。比方寫吃冰、寫游泳、寫在酷暑中淋一場雨，寫這些其實都很好。

但今天要講的是「主題的重要性」。

吃冰、游泳、淋雨、吹冷氣，都是享受。但我們得寫出「最」棒的享受，正因為題目中出現了「最」字，所以你必須在一堆享受中選出一個「最」精彩的來寫。必須讓主題明確，讓讀者跟著你的文字感受到夏天的酷熱，又跟著你的文字領略到那美妙的享受，這樣的文章才能拿到高分。

很多同學在書寫這個題目時往往會因為不知道該怎麼寫，於是寫著寫著犯了「入題太慢」的毛病。

怎麼說呢？

我們一篇會考作文，在書寫時，基本上寫時會分為四段到五段。

很多同學先是在第一段書寫了夏天的燠熱感，而且為了擴充字數，還會稍微提到春天秋天冬天的存在，這樣寫也沒錯。

但錯就錯在許多同學寫到了第二段，還意猶未盡地繼續寫，寫了在夏天時，萬物的景象，花很多的文字去描寫在夏天所見到的事物，以及人們在夏天情緒上有多麼的不耐煩，或是寫了許多夏天可以進行活動，這些活動都是享受等等。

到了第三段，才開始書寫自己心中認為的享受是什麼，結果這享受也只書寫一小段，就匆匆進入最後一段寫了結尾，會使讀者讀來覺得文章好像看不到重點，或是重點只寫一點點，廢話卻有點多的感覺。

就像下面這篇文章，文筆優美，但入題太慢，不僅給人前後矛盾，觀點不一的感

受，甚至在最後一段才終於交代自己的想法，讓人讀完這篇文章，卻看不出哪裡才有重點。

第一段

揮別了百花齊放的季春，來到了炎炎的孟夏，炙熱的太陽照在綠油油的樹葉，灑出滿地的金光，象徵著大地的生氣盎然。

老師OS：
多麼優美的第一段，寫成這樣是個美好的開始。

第二段

炙熱的太陽摧殘著大地，使萬物都受到如蒸籠般的煩熱，彷彿萬物都要在俄頃之間被火辣辣的太陽煮沸。烈日當空，使大地熱得發燙，人人被**毒**辣的太陽蒸晒得提不起勁，像是被關在蒸籠裡，只能忍受著酷熱蒸氣，被壓得暴躁不安。一輪猖狂的太陽高懸在天空，熱得我快要噴出火來，熱得我快要被晒成人乾了。

陳安如老師的高分會考作文課　140

老師OS：
到這裡還在寫夏天到底有多熱！

第三段

烈日中天，湛藍的海洋，誘惑著我前往。沁涼的海水散發出無比的暢快。如果這樣無法解救你的心靈，不妨去享受汁水淋漓的西瓜，紅紅的西瓜散發出甜醉的氣息，咬了一口沁人心脾，彷彿在天空中自由地飛翔，冰鎮的西瓜是消暑的好水果。

老師OS：
寫不停！繼續寫好熱好熱的感覺。雖然將沁涼的海水點出，表達出心中最渴望的就是前往湛藍的海洋，但寫沒幾句話卻又建議讀者去享受汁水淋漓的西瓜，那作者本身到底覺得最棒的享受是什麼，仍然是個謎啊！

第四段

炎炎的夏日，奔向湛藍的海洋，或是品嚐沁涼的西瓜也許是不錯的方法。但是，我覺得躺在大自然的樹蔭下才是最舒服！因為這樣，使我和大自然合而為一，吸收大

141　第六堂課　夏天最棒的享受

老師OS：

作者竟然在最後一段才點出躺在大自然的樹蔭下是最舒服的，那前面的鋪陳是幹麼的呢？第三段既然都寫出湛藍的海洋誘惑著我前往，那麼就該在第三段強調出來在炎炎夏日裡，整個人浸泡在冰涼的海水中是人生一大樂事，而不是寫到第四段竟然又來一個大轉彎，自打嘴巴，認為躺在大自然的樹蔭下才是最享受的事！

接下來我們來看看，怎麼寫才能寫出好作品呢？

最棒的寫法，應該是第一段先鋪陳，第二段可以馬上進入主旨：最棒的享受是什麼，然後在第三段再去寫出對比。

那麼要寫什麼之間的對比呢？

必須寫出很熱的感受加上很棒的享受當對比。

最後結尾再去寫出總結。

就像這篇文章：

自然的日月精華，對我來說，這就是夏天最棒的享受。

〈夏天最棒的享受〉　方煜仁

第一段

「聽，是蟬鳴聲！」聽到這句話時，我們知道，炎炎夏日來了。一年有四季，春夏秋冬。來來回回永不停止的循環，劃分了我們的一年。溫暖又平靜的春天過去了，接下來是沸騰、火熱，充滿活力的盛夏來臨。

老師OS：
作者很聰明的用了不一樣的方式點出夏天的來臨。讓整篇作文看來就是和別人不一樣！

第二段

夏日有一大特色，就是像火爐般熾熱的太陽，時時刻刻以它最毒辣、無情的巨大火舌，熔蝕地表上的物體。在猖狂的火焰，無情地燒灼下，最受不了的生物，就是我們人類了。我會到酷熱的沙灘，考驗自己如鋼鐵般的堅強而無可動搖的耐力，當這層看似堅固，卻實際脆弱的防護罩，被炎熱而無可致人於死的紫外線大軍攻破後，我就會尋找另一層防護罩──清涼透心的海水！泡入海水，剛剛被火焰烤熟的皮膚恢復了原本的活力。在海水中，感受海浪輕輕撫摸過我

143　第六堂課　夏天最棒的享受

的皮膚，真是一種難得的感受。

老師OS：
第二段前面幾句仍在強調出夏天的熾熱，但寫了幾句後，作者馬上切入主旨：夏天最棒的享受，就是到炎熱的沙灘，去考驗自己的耐力！取材新鮮，讓閱卷老師眼睛為之一亮。整篇作文運用了譬喻及轉化，豐富的修辭讓作文看來極為活潑。很多同學寫完享受，往往就無法繼續延伸下去寫，但這位同學則不，他先寫出了到海邊沙灘鍛鍊自己如鋼鐵般的耐力，接著，又讓自己延續此主軸──泡入海水中，讓第二段的完整性足夠，也明確地抓住主旨做發揮。在此段，作者完全以記敘兼抒情的方式完成此段落。

第三段

每一次我都會沉浸在那清涼到心底的冰涼中無法自拔，總是從太陽升起待到太陽落下，有些時候就算外頭的紫外線大軍隨著火焰的消退而撤退，我還是捨不得離開那令我免於被紫外線大軍摧殘的藍色保護傘。有些時候，迫於暑假結束，不能再去海邊。最後一次到海邊時，總會將手掌彎成碗的形狀，無知的帶走冰涼的海水，卻留不住任何一分清涼。這把藍色保護傘不只會阻隔太陽烈焰和到處攻擊的紫外線大軍，還可以為我趕跑又黏又臭的汗水和體熱。我感受到那層令人舒暢的防護罩包覆我的全

身，讓我熱得發燙的皮膚受到無微不至的保護。真是獨一無二的高級享受啊！

老師OS：

這位同學讓第三段延續第二段的內容繼續書寫，這部分其實是很重要的，很多同學在書寫作文時常常寫到第三段就後繼無力，寫不下去，於是開始東拉西扯，寫了題外話，甚至有同學第一段、第二段都寫得不錯，但到了第三段因為不知道還能夠寫什麼，竟然會寫出這樣的內容：

「我還有一個可以讓我免於中暑的法寶，那就是——剉冰。」

請問，如果寫了這樣的內容，那能不能夠切合主題「最」棒的享受呢？

既然主題是「最」，那麼就只能寫幾個呢？當然是一個！

很可惜的是：很多同學在書寫這類型的題目時，不論老師如何提醒，很多同學仍然會因此扯到第三段已經有點寫不下去了，所以再扯一個新的「材料」來寫，這麼一來，無論你的大部分內容寫得再好，文筆再怎麼優美，都是不容易拿高分的，甚至有時會因此而拿到不及格的分數，因為閱卷老師會認為你已經「偏離主題」了！請千萬要小心！

第四段

夏日這個過度活潑的小孩，打亂了我們的生活，卻讓我們領略到夏日最棒的享

受；到了夏季，就跟沁涼的大海來一場約會吧！

老師OS：

寫結尾，基本上不要寫太長，寫太多字，不容易使文章結尾有力量，反而會使人讀來覺得作者是不是還有很多「想說卻還沒來得及說的話」。

那麼，寫結尾到底要寫多少呢？以會考作文的稿紙來說，基本上就寫短短兩三行就好，也曾經有學生文筆非常之精妙，一行就能搞定結尾！但這種高手畢竟是少數，建議不要跟進，還是乖乖的寫個兩三行結尾，有力量的結束這篇文章！

那麼，怎麼寫才能夠讓結尾漂亮又有力量呢？

老師教你一個大絕招，那就是──

先屁再轉！

喔！寫錯字了！不好意思。

應該是：

先譬再轉！

但我想看到這種髒字，你也差不多記起來了吧？

「先譬再轉」就是「先譬喻，再轉化。」

就像這篇作文的第四段結尾：

先說夏天是個小屁孩，又打錯了……

先說「夏天是個過度活潑的小孩」→這句是譬喻；

再說「到了夏季，就跟沁涼的大海來一場約會吧！」→這是轉化。

這樣的寫法是不是簡單活潑不死板呢？

可千千萬萬不要像下列這些同學一樣，寫出這麼混的結尾啊！

A同學的結尾

夏天，原本是一個酷熱的季節，卻因為有冰，所以可以讓我們度過這個難熬的日子。想必大家一定都很享受在夏日吃冰的時刻吧！所以，其實夏天也有很多其他季節所沒有的優點。

B同學的結尾

我非常非常非常的喜歡夏天，它帶給我許多美好的回憶，讓我永遠忘不了，所以每次到了冬天，都很恨不得夏天快一點到來。

C同學的結尾

147　第六堂課　夏天最棒的享受

這些冰品所產生的感受，讓夏天不只有炎熱，也多了許多快樂。吃冰品的享受，不是每個季節都擁有的，如果我能夠天天吃冰，那我希望天天都是夏天。

D同學的結尾

夏天有一種開心快樂的感覺，而這種感覺讓我很期待夏天的到來，如果我的朋友跟我一起去，或他跟他爸媽去，我不知道他會有什麼感覺，但是我覺得他一定會很開心，因為我覺得我們都一樣，都期待夏天的到來。

以上的結尾，是不是很無聊呢？

尤其是D同學所寫的，讓老師看了真的很想問：啊你是沒有東西可以寫了嗎？到底是在寫什麼鬼？

所以，整個書寫的流程應該如此：

第一段：先描寫出四季的變換，再點出夏日最不同的地方，盡量多用排比法或形容詞來描繪夏日的燠熱、夏日的植物、夏日給人的感受。（第一段最好能多用排比法或譬喻法作開頭，排比或譬喻以三到四句為佳，寫到第五句感覺則顯累贅。）

第二段、第三段：寫出生活中或生命中，有哪些事物是人生的享受，多用對比映襯的手法來寫此兩段，再進一步的以非常細膩的摹寫法來描寫出你所認為的夏天最棒

陳安如老師的高分會考作文課　148

老師ＯＳ：

此段盡量以詩意的手法來寫，並且多加形容詞在句中，就能掌握基本分數。

第四段：用首尾呼應法作結。強調出夏天最棒的享受為何，它可以使人的身、心、靈達到何種的感受，在如此的夏季中，這最棒的享受總使人有何滋味和體驗，是一種什麼樣的幸福？（結尾多以排比或映襯法作結。盡量多以精鍊的句子完成。）

的享受為何。（寫吃冰，就必須清楚詳細的寫出冰花的口感、外觀、滋味及吃下去的暢快淋漓；寫游泳，就需描摹出你在炎炎夏日，在碧藍的海邊、或消暑的泳池旁，那種非常熱的情境下，當你的身體接觸了沁涼的池水時，你的身心靈各方面的感受。）

密技大公開

這一堂課要教同學的是：

學會選擇好寫的題材，容易繼續寫下去。

怎麼說呢？

舉個最簡單的例子來說，〈夏天最棒的享受〉這道題目，會有許多學生寫了吃冰這件事，當然，寫吃冰是很安全的一個寫法，絕對不會離題；因為有些同學會為了別

149　第六堂課　夏天最棒的享受

出新裁，故意寫不同的題材來吸引閱卷老師的目光，寫賞月、寫練書法等較少人觸及的材料，但這麼一來，很容易離題，因為常常會寫著寫著就提到書法很難寫啊！要心靜下來才能好好練啊！學書法的目的啊等等和夏天最棒的享受無關的事物，所以夠聰明的話，就絕對別選個難寫的題材整自己啊！

好吧！說那麼多，現在來說重點囉！

該怎麼幫自己選個好寫的材料呢？

我先請問你，當你寫吃冰這題材時，你覺得寫吃哪一種冰比較好寫？

所謂好寫的定義就是：能夠「掰」出較多的字數。

冰棒、霜淇淋、剉冰，現在就這三種冰品，哪一個比較好寫呢？

冰棒好寫嗎？

大部分的同學寫冰棒時，會先描寫一下它的外觀，

例如：

四四方方硬梆梆的一根冰棒，光是看到它的外觀，就使人感到沁涼無比，咬下一口，啊！夏天的酷熱，都因為這一口冰而消散了！

寫霜淇淋，好寫嗎？

例如：

陳安如老師的高分會考作文課

只見那軟軟的條狀物不斷地從霜淇淋機中被擠壓出來，繞圓而擠壓成一坨便便，巧克力的口味使霜淇淋的滋味更多了分甜蜜，咬上一口，啊！夏天的煩躁，都因為這一口冰而融化了。

寫剉冰呢？

一碗五彩繽紛的剉冰上桌了。細碎的雪花和冰晶層層堆疊，形成一座高聳的山峰，冰屑旁堆放著晶瑩的愛玉，透明中帶點橙黃，像是一位含苞待放的美人出浴；愛玉旁的佐料則是一顆顆圓潤飽滿的大紅豆。舀起一口紅豆冰放入口中，那綿密的火紅豆配上沁人心脾的冰，讓人由內而外的舒爽，靈魂彷彿隨之起舞，美妙的滋味深烙心中；而那冰涼愛玉帶著檸檬的芬芳，更讓我的味蕾一同奏起交響樂來，火氣早已悄悄溜走。

嗯，相信聰明的你一看就知道選誰較好寫了吧！

剉冰可以描寫的實在太多了。可以描寫冰屑的形狀，又可以在冰屑堆疊成一座玻璃小山後再「淋」上許多「加料」的滋味。例如你可以在文中「加料」煉乳、「加料」熬煮得軟爛的紅豆、「加料」一湯匙黑糖熬製成的楓葉色糖漿，如果你覺得字數不足，還湊不到一大段，你甚至可以再增加各式色彩繽紛的水果於其中。

懂了嗎？

這就是選個好寫的題材的好處。

也許對你而言，在夏天吃霜淇淋是你最棒的享受，但是霜淇淋描寫起來實在不甚美觀，甚至讓人讀著讀著眼前彷彿看見了廁所馬桶的那一大坨……也許在溽暑中咬上一口冰棒，那種從牙齒竄入牙齦再衝入腦門的刺激感是你在這夏天最大的追求，但如果你不能夠藉由寫冰棒寫出豐富「感受」的話，建議你還是捨棄它，點個好寫的冰品來寫吧！

● 寫作材料庫

思考一下，每到夏天，你會想做哪些「消暑」的活動？

1. 去海邊泡海水。
2. 去游泳池游泳。
3. 躲在冷氣房。
4. 大啖冰品。
5. 在樹蔭下乘涼。
6. 下雨時趁機淋雨。
7. 去山上走走，吸取芬多精。

每到夏天，酷熱的程度有多誇張？周遭的景物或人又變得看來如何？

1. 每到夏天，燠熱讓工作中的工人滿身大汗，真的有「揮汗如雨」的感覺。
2. 到了夏天，路旁的野草都被晒乾了，晒得頭低低的，像姑娘一樣的害羞。
3. 夏天一來到，流浪狗兒只能躲在停在路邊的車盤底下乘涼，狗兒們渴得大喘氣，舌頭吐出來都縮不回去。

夏天一到，心情總是如何呢？

1. 興奮：因為可以到海邊玩水了。
2. 疲倦：熱到爆，晚上睡不好。
3. 快樂：夏天可以穿少少，不必再穿得像隻熊似的了。
4. 煩躁：酷熱難耐，讓人好煩躁，還得頂著大太陽在操場跑步。
5. 鬱悶：每天熱到汗如雨下，全身黏膩的感覺，讓人做什麼事情都提不起勁。

到了夏天，體驗了最棒的享受後，心情會轉為如何？

1. 淺嚐一口綿綿冰，整個煩躁感都被安撫得舒暢不已。
2. 泡在海水中，好像有一股沁涼的快感，從腳趾頭竄上頭頂。
3. 趁機淋雨後，原本的暑氣立刻消散，身體通暢，整個人輕盈自在。
4. 當涼風吹拂到臉上、皮膚上時，風兒把我的煩躁帶走，換上一種新的心情。

153　第六堂課　夏天最棒的享受

為作文鑲上鑽石

時值盛夏	溽暑盛夏	炎炎盛夏
夏日可畏	太陽毒辣	太陽毒熱	多雨季節
夏意正濃	夏山如碧	夏樹蒼翠	烈日中天	赤日炎炎	夏日炎熱	陰雨季節
煩熱	乾熱	淫熱	炙熱	熾熱	灼熱	熱騰騰	熱辣辣	暑月蟬鳴	燠熱	熱氣騰騰	燥熱	躁熱	夏收季節
炎熱	熱浪滾滾	熱風撲面	雷聲大作	熱辣辣	自然笑意	陽光燦燦	烈日當空	悶熱	盛暑炎炎	夏日炎炎
融化	高懸在天空	一輪太陽	解暑	吐舌頭	綻放	煩悶	陰涼	無食慾	蒸晒	忙熱
荒漠	熱得發燙	沸騰	抖動不安	煮沸	翻騰攪動	暴躁不安	提不起勁	蒸籠
空氣凝住	裊裊輕煙	蚊香	暢快	冰鎮	汁水淋漓	不妨	蔚藍	閃避	閃躲
崩潰	寶藍色	碧海	藍天	白沙	消暑	皎潔	心靜自然涼	體會	領會	奔放
恣意飛翔	蹦跳	活潑	盎然	兀自	甜醉的氣息	烈日	猖狂	炫耀	瓦藍色

陳安如老師的高分會考作文課　154

大汗淋漓　洗禮　層層堆疊　俄頃　澄澈剔透　沁人心脾　沁涼　酣暢淋漓

夏日午後　絲絨　挑逗　欲望　勾引　陽光照拂　鹹澀

修辭一點靈

誇飾法

誇飾法，就是要「言過其實」，寫得誇張，寫得超出客觀的事實，可以極端的誇張，也可以極端的縮小，不需要符合邏輯性與真實性，最好能達到「語不驚人死不休」的地步。

例句：

1. 臺灣頭到臺灣尾，哪一條路我沒走過？
2. 白髮三千丈。
3. 姊姊臉上掛著一只櫻桃小口。
4. 每天吃魚，已經讓我吃到覺得噁心，覺得魚兒在我的胃裡游泳。
5. 哥哥太久沒吃到雞肉，一看到雞毛撢子就流起口水了。
6. 一聽到這消息，老師難過得淚如雨下。

7. 葉嫩綠色，彷彿掐得出水似的；在月光中掩映著，微微有深淺之別。（朱自清）

8. 我這樣去描寫它實在太笨拙，我怎追得上那萬馬奔騰，氣吞河嶽的水勢呢？（鍾梅音）

9. 猛不防一陣疾風吹來，松濤像萬馬奔騰，鼓樂齊奏，使你聽了好像天地在旋轉，萬物在歡唱，在狂舞，這時候你根本忘記了自我的存在，只覺得大自然的偉大、神祕。（謝冰瑩〈愛晚亭〉）

10. 滿園子的人，鴉雀無聲，連一根針跌在地上也聽得見響。（劉鶚〈老殘遊記〉）

11. 雨仍落，似乎已這樣無奈地落了許多世紀。（張曉風）

12. 情人的血特別紅，可以染冰島成玫瑰。（余光中）

13. 小喇叭的尖音，劃破我的皮膚。（吳望堯〈與永恆做一次拔河〉）

14. 拚命要把同樣的話塞進將要炸開的腦袋。（楊逵〈種地瓜〉）

頒獎時刻──金筆獎

寫作範本

〈夏天最棒的享受〉 方煜太

「啪滋！啪滋！」發燙的金屬座椅，在烈日的折騰下，熱得能烤熟食物。放眼望去，地面上盡是燃燒的人、事、物。在不遠處，陽光有如殺手般陰險地看著這一切進行著。「噠噠噠噠！」隨著殺手的冷笑，萬丈光芒有如子彈朝地面上，手無寸鐵的生命掃射，一場痛快的大屠殺。人們淒厲的慘叫聲四起，宣告了夏天的到來。

「啪滋──」是汽水蓋被轉開時，固定的進場曲。在盛滿冰塊的杯中，注滿汽水，看得讓人直流口水。張開大嘴，汽水與冰塊好似土石流，在瞬間傾洩而下。舌尖和汽水接觸的那一剎那，無意間開起了一道沁涼的電流，飛快地竄入全身上下每一個角落。緊接著是一股透心涼的快感，從腳跟蔓延至頭頂。喝汽水真是夏天的一大樂事啊！

從小，光是看著電視裡的汽水廣告，都能留下滿地口水的我，是個不折不扣的汽水愛好者。自小慢慢累積的堅強實力，使我不再只是把汽水當作解渴的救命仙丹，而是對它如美食般，細細品味。不只如此，我也練就了「調汽水」的特殊才能。各式各樣、不同品牌的汽水，到我手中，便會進行一場魔幻的大改進。這裡加加，那裡倒倒，不忘隨時啜一口品嘗，每當杯緣貼緊嘴唇，看著杯中物流入口中，享受它在口腔

〈夏天最棒的享受〉 王楚中

夏季的烈日照拂著大地，卻猶如待在三溫暖一般炎熱，植物也都禁不住烈日，紛紛低下頭來躲避陽光，空氣彷彿正在抖動，人們也都受不了外頭的毒辣陽光，全跟進屋內，讓冷風流過他們身體，得到解決炎陽的良藥。

夏日毒辣的太陽彷彿融化整個大地，無情散發著它的光芒。夏日，這個最活躍的季節，若春季為剛甦醒的人，那夏日便是正要展開一天生活的人，夏日如同活潑孩子，蹦蹦跳跳到處亂跑，每到一處必會給其他人添麻煩，人們雖然恨不得把它趕走，卻也享受它帶來的陽光。在這個炎炎夏日，最棒的享受莫過於在冷氣房內吃上一碗刨冰，外頭的陽光正狠心地折騰萬物，但刨冰彷彿救星出現般，一層一層的冰屑堆起了一座小山，陣陣的白氣持續從刨冰中飄散，可是單單主角刨冰也太沒意思，不足以擊退熱勢力，仙草、愛玉、粉圓都是不可消少的角色，湯匙挖起小山中的一小角，把各種佐料包含其中，一口咬下時，仙草的滑嫩感在口中流動，頓時，暑氣立馬消散，身體通暢了不少，那口水仍然在口中慢慢地融化，我不忍心吞下，不想太快結束這感覺。

內翻攪，那刺刺麻麻，痛得開心的體悟，是我一輩子都忘不了的滋味。

夏天固然炎熱，那麼的酷辣、無情，如此地不留餘地，對這世界灑了滿滿的「關懷」。但是，退一步仔細思索，便會發現，夏天帶給了我想像、嘗試的空間，更讓喝汽水，無庸置疑地成了我夏天最棒的享受！

〈夏天最棒的享受〉 邱淳喬

四季年復一年地遞嬗，而夏天是最有活力卻也最燠熱的季節。花草樹木像枯槁般奄奄一息，動物懶洋洋地趴在樹蔭下，人們也被蒸晒得頭昏腦脹。炎炎夏日熱浪滾滾，但少不了有許多消暑的享受。

烈日中天，來枝冰棒或一碗雪花冰可是人生一大享受；或是一頭跳進冰涼的泳池內，感受沁涼的水，撫慰每個躁動的細胞；或是乾脆遠離地獄的戶外，在冷氣房裡度過天堂般的週末，都是很好的避暑方法。而我覺得夏日最棒的享受則是到海灘玩耍！驅車到海邊，看到沙灘上的帳篷、亭子和人群，身上的每個細胞似乎都在高聲尖叫，換上泳裝，踩著炙熱卻柔軟的細沙似乎也是一種特別的體驗。用心感受那顆粒竄流過腳趾間再慢慢覆蓋的奇妙感，真是舒服！買一杯清涼的飲料，在躺椅上做做日光浴，也是不錯的選擇。接受那火辣辣的太陽傳來的光與熱，感受光譜在身上跳動，不過要

隨著第二、第三口，我不禁讚嘆這真是夏天最棒的享受啊！刨冰正誘惑著我，一口一口停不下來地吃。不知不覺，刨冰已經見底了，可是那份冰涼仍在口中消散不去。就算夏日游泳，多麼的清涼；夏日的海邊多麼的誘人；在夏日淋雨，多麼的暢快，卻還是難敵夏日吃冰的那份美好。

夏日這個過度活潑的小孩，打亂了我們的生活，卻讓我們領略到夏日最棒的享受——吃冰。

小心別晒傷了！

海灘上的活動不計其數。坐在沙上堆沙堡，再看著海水將其摧毀；或是和同伴玩整人遊戲，將大家都埋進沙裡；又或是帶著一顆球，恣意拋擲玩耍，沙灘排球也可以玩得不亦樂乎。不過海灘上最觸動感官的還是那挑逗人們的海水。在經過太陽的洗禮後，熱燙燙的全身最需要降溫。看著那涼快的藍綠色，清澈剔透的海水誘惑著人們栽進它的懷抱。從腳趾頭開始，一步步地踏入，那沁人心脾的溫度足以引起體內的顫動，讓人想要放聲尖叫！優游在湛藍的水中，頭頂上的炎熱，對比身下的涼爽，更帶來了感官上的衝擊。放鬆隨著浪潮一波波的拍打起伏，如此快活自在，似乎身在天堂也無法比擬！

酷暑盛夏，常使人熱到委靡不振，但夏天也是個歡樂的時節，適合狂歡慶祝，大肆享受！每次一想起在海灘的各種感官體驗，真想立刻衝到海邊，讓灼熱的太陽和冰涼的海水點燃我體內的瘋狂！

第七堂課 一句話的力量

【學習目標】
- 選擇「新鮮」而不老套的寫作素材
- 如何運用名言佳句
- 譬喻法

主題課程

一句話的力量

說明：

每個人生命中時常會因為一句話的出現，改變了自己原本的想法。人生中有時候會面臨低潮，讓我們從逆境走出來的，往往是一句有力量的話，讓我們猛然警醒、讓我們當頭棒喝，點醒了陷於困境中的我們。一句話的力量可以來自他人，也可以發自內心的省思而產生，然後他們在我們的生活中發揮影響力，給了我們一些正面的改變。現在，請回想生命中那句鏗鏘有力的話語，因為它，改變了些什麼？因為這句話，為自己帶來多少的力量？

寫作觀念交流

看到〈一句話的力量〉這個題目後，同學得先靜下心來思考一分鐘，因為你必須很明確地決定好要寫「哪一句話」當書寫的主軸。

有些同學會抱著且戰且走或先寫了再說的態度，結果前後矛盾，甚至寫到最後的那一句話都還沒出現，就全文結束說再見。

有些同學則是一直猶豫不決，無法決定自己到底要寫哪一句話，導致於整篇作文竟然有好幾句「名言佳句」出現，甚至會寫出：因為某句話點醒了我，這又讓我想起了另一句話⋯⋯。讓人分不清楚到底哪一句話才是帶給這學生力量的句子。

所以，面對這種題目，請你務必靜心在腦中快速的選擇，到底生命中有哪一句話充滿力量，哪一句話讓你改變了人生態度，改變了思想，改變了你自己。

同時，在選擇的時候，你必須很小心地去選「特別的一句話」，不要去選擇了一句大家耳熟能詳，而且你從其中得到的經驗與體悟也和大家一樣的一句話。因為這麼一來，整篇作文只會落於俗套，沒有人會覺得有新意或是覺得精彩。

哪些句子很老套？就像這些：

「光陰似箭，歲月如梭。」每當我想起了這句話就知道自己該好好把握時間，不再蹉跎。

「不經一番寒徹骨，焉得梅花撲鼻香。」沒有辛苦的播種，就不要期待能夠收割！

「三人行，必有我師焉。」每個人都能為自己人生的樂章增添一些色彩。

「一沙一世界，一花一天堂。」這句話把我從一成不變的生活中吸入了深層的省思。

「失敗為成功之母。」有失敗，才會有成功；有成功，就一定會遇上失敗。

「知識就是力量。」所以我們大家都要多讀好書，多說好話，多做好事。

為什麼呢？
先跟你說說我閱卷時的流程。
我在批閱這個主題的作文時，我會先去看看第一段，接著不是按照慣例看最後一段。

而是直接往第二段去看學生是否把「一句話」寫出來。
因為通常會考作文必須在第二段就切入主題將一句話寫出，我會去看學生「用什麼方式」帶出這句話，並且看學生這句話是否選得夠「新鮮」，再去看學生這句話所延伸出來的想法以及因為這句話生命或生活有了哪些改變，來決定這是一篇落在幾級分的作文。

寫得夠不夠新鮮真的是很重要的事。
你選「材」夠新鮮，就能使閱卷者在看了那麼多千篇一律的作文時「醒」了過來，而不至於覺得又是一篇無聊文，看字數字體內容決定給幾分。

哪些選材夠新鮮呢？我們來看看這些「強者」在那麼短暫的時間內選擇了什麼句子來做為他寫作的主軸。

「人生有許多事情，正如船後的波紋，總要過後才覺得美。」這一句閃亮的話，彷彿我渴望已久的光，這句話彷彿在我心裡生根，我內心充滿了一股從未出現過的希望。

「世界如果是平的，為何人們都要往上爬，活著不是贏家，就是輸家，你敢輸掉嗎？」如果不向高處走，就只能站在底層仰望贏家，未來會怎樣，究竟有誰知道？只知道因為沒有人想輸，所以只能不斷向前衝。

「毫不猶豫的勇敢選擇，即使失敗也輸得痛快。」站在十字路口，我望著永無止盡的道路，心中產生了無數問號。到底要選哪一個？煩亂的思緒像漩渦，使人昏頭轉向。害怕抉擇後的後果，不願去面對人生的選擇題。

迷惘的坐在電視機前，無意間聽到林書豪說：「我要超越的是我自己。」頓時間海浪撞擊著心頭，我開始思考著。我了解到不需要和人比較，因為最大的敵人是自己，只有不斷地突破自己，才能達到更高境界。

這些句子，是不是相較於前面所舉的例子來得新鮮？

選擇新鮮的句子，就算寫出來的**啟發**很老套，都比選擇老套的句子，寫出老套的啟發要來得容易拿高分。

看到這裡，你可能會想：

考試時哪有辦法腦袋裡突然那麼剛好，就「蹦」出一句新鮮的句子來用啊？

說得也是。

基本上我不太要求學生花太多時間去背誦名言佳句，因為背了你又不用，或是不會用，那不是很浪費時間的一件事嗎？

所以，我通常只要求我的學生要背十句名言佳句，真的只要十句就好！你背上百條名言佳句，然後每一條都背得很麻木，心也沒有被感動、被啟發。背它幹麼？

倒不如背熟十句你很喜歡，而且帶給你很多「體會」的句子。

本書在【佳句補給站】中，也提供了一些佳句，供你選擇。

很多同學會問：十句夠用嗎？

當然夠用！

但有個前提，你必須對這十句話「非常」有感覺，而且是「真的」有感覺。也就是你背的這十句話，不管考試考什麼，你都能隨便挑出幾句話放在文章中，而且還能夠從這幾話中寫出延伸性的感受。這樣，不管題目怎麼考你，你都能應

付，也不用怕寫作時缺乏說服力，沒有名言佳句做印證了。

當然，有時我們會面臨一種情況，就是原本背熟的佳句可能有一點點不太適用於某個書寫的題目中，但這時又沒有其他的句子可以用，也怕背得不熟，背錯了，反而吃虧，該怎麼辦呢？

這時就要懂得「自編佳句」。

怎麼用呢？

請看！

在〈一句話的力量〉這題目中，有個學生寫了這樣的內容：

第一段

看著天上飄動的風箏，腦中靈光一閃，泛起了一點漣漪，讓我想起了馬克‧吐溫在書中曾講過的一段話。

第二段

「希望好像一個家庭，沒有它，你會覺得生活乏味；有了它，你又覺得天天為它辛勞，是一種煩惱。」

也許我的希望很難實現，但是給自己的目標，就是實現希望⋯⋯。

好了，同學看到這裡，有沒有覺得哪裡怪怪的？

「也許我的希望很難實現⋯⋯就是實現希望。」這句怪怪的，你有發現吧！

「希望」應該改成「夢想」，比較貼切。

我問這位同學，為什麼要寫希望不寫夢想呢？

他回答我，因為馬克・吐溫說的那句話「希望像一個大家庭⋯⋯」用的詞是希望，我如果把它改成夢想，就不正確了。

我想這是很多同學的困擾，能背出來且運用得上的句子也就那幾句，不管書寫任何題型，其實都會碰到類似的問題。

這時，就該有點小聰明。

稍微改一下句子，就可以解決這問題囉！

看看我怎麼改：

原句

看著天上飄動的風箏，腦中靈光一閃，泛起了一點漣漪，讓我想起了馬克・吐溫在書中曾講過的一段話。

陳安如老師的高分會考作文課　168

修改後

看著天上飄動的風箏，腦中靈光一閃，泛起了一點漣漪，讓我想起了在書中曾看過的一段話。

原句

「希望好像一個家庭，沒有它，你會覺得生活乏味；有了它，你又覺得天天為它辛勞，是一種煩惱。」
也許我的希望很難實現，但是給自己的目標，就是實現希望……。

修改後

「**夢想**好像一個家庭，沒有它，你會覺得生活乏味；有了它，你又覺得天天為它辛勞，是一種煩惱。」
也許我的**夢想**很難實現，但是給自己的目標，就是實現**夢想**……。

看到了嗎？我在書寫時直接省略掉是誰說的名言佳句。並將佳句的希望改寫成夢想，才能切合我的主題：夢想。

但改過句子後，這已經不再是馬克・吐溫的句子，自然也不必在引用時去說明此句出自馬克・吐溫。

還有一種較常見的狀況就是：很多同學背熟了佳句，卻忘了到底這句話是誰說的，常常不知道遇到這樣的狀況如何處理。

其實解決方法簡單極了，不要寫是誰說的名言就好啦！那該怎麼寫呢？

就像這樣：

從小生活在一個處處都在競爭比較的都市，讓我的世界緊湊壓迫，在功課上總是斤斤計較於那一分兩分的差別，我，活得並不快樂。直到有一天，閒來無事翻閱書籍的時候，我讀到了一句話，那句話改變了我的想法，它似乎有股神奇的魔力，讓我的小世界就此改觀。「一個人的快樂，不是因為它擁有的多，而是計較的少。」以前的我總是計較著東西的好壞，現在回頭看看，我所擁有的，可能比一般人還多更多。學會忘懷計較，知足常樂。生活在一個凡事計較的世界裡，我，過得並不快樂。在自己的閒暇時間

裡，總是會把這句話從心頭上拿出來，咀嚼再咀嚼，思量再思量，原來，這一句看似不起眼的文句，卻能夠一直深深地刻在心底。

很棒的一段文字吧！恰當的引用了「一個人的快樂，不是因為它擁有的多，而是計較的少。」這位同學直接寫出了這句話是在「什麼情況」之下「讀到」，並沒有交代出這段文字出自誰口。卻完全不影響全文的書寫。

所以同學們，當你要使用名言佳句時，絕對不要因為不知道是誰說的而掙扎許久，不知道該如何下筆，或是犯了以下所列的錯誤：

某某曾說：「我思故我在。」

某某人說過：「我思故我在。」

有個人曾說過：「我思故我在。」

我忘記是誰說過：「我思故我在。」

很蠢吧！但真的有不少學生在引用名言佳句時因為不確定出處，所以用了這樣的方法書寫，除了缺乏美感外，還會使人覺得多此一舉。

171　第七堂課　一句話的力量

不過，也有特例，就像這樣的寫法：

忘了是誰曾說過：「我思故我在。」

雖然很明確的說出真的忘了是誰曾經說過的話，但因為書寫的方式是較具美感的，和上述所列四個例句讀起來的感覺大不同。如果是用這樣的方式書寫，倒也還不錯喔！

然而，講解了那麼多使用名言佳句的方法後，還有一點要強調的是，我通常會要求學生盡量不要選擇寫文言文的名言佳句入題。

為什麼？

第一，因為現在的考試題目都是要我們書寫出抒情兼記敘的文體，通常書寫的口吻都是偏向於散文的寫法，如果選擇了文言文，勢必整篇作文都得寫得比較文謅謅的，有時，還會不小心蹦出一些奇妙的句子，例如：「咱家、俺、我乃某某是也⋯⋯」這些怪怪的口吻，而且，非常容易流於「文白夾雜」的大忌，也就是書寫時，忽而文言文，忽而白話文，讓人覺得讀起來怪怪的，也很容易有做作之感。

第二，選擇白話文的名言佳句，比較不容易背錯、寫錯字，而且名言佳句在不影

響整體句意以及未清楚寫出是誰所說話的情況下，我們可以稍微更改一下詞彙，讓它更貼近我們所要表達的主題，就像我剛剛所示範的方式。

密技大公開

另外，我們要來討論一下一個常常困擾同學的問題，就是：到底在作文中可以寫幾句「名言佳句」啊？

基本上，本書所設定的目標就是為「會考作文」而寫一本書。所以所有的標準都以「會考作文」的實際狀況來設定。

如果一篇作文書寫約六百至七百字，文分四段到五段之間，我會建議同學在使用名言佳句時，最好不超過三句。

因為我們若以一篇文章四段來談，如果你用了四句不同的名言佳句，請問是不是每一段都有一句名言佳句了？那麼文章的主旨，是不是會亂掉？

如果一篇文章分四段，卻用了四句完全相同的名言佳句，讓相同的句子在每一段都出現，這樣是不是會使讀者覺得有點不耐煩？覺得你怎麼鬼打牆一直在重複？而且，會使人覺得你「肚子裡的墨水稍嫌太少」，寫來寫去都那幾句，所以也不好。

標準來說，名言佳句在使用上最好最好不**超過三句**。

同樣地,「對話」在六百至七百字的文章中,最好也不要超過三句。

很多學生在寫作文時,往往因為不知道該怎麼描寫,而乾脆使用「對話」來交代內容,所以我們常常在作文中看見這樣的句子:

每天放學回到家,總會聽到媽媽對我說:「小明,趕快把你的內褲穿上!」不然就是聽見媽媽這樣說:「好煩啊!媽媽怎麼那麼嘮叨?」直到有一回媽媽出差,整整一個禮拜不在家,我心裡覺得好寂寞,好想聽到媽媽對我說:「小明啊!洗完澡趕快穿衣服,不要光溜溜的晃來晃去啊!」

看吧!短短一百五十八個字,就出現了四句對話,使人覺得作者寫作能力低落,而且對話太多,描述太少,讓作文讀來十分口語化。

一旦對話過多,寫了一大堆的對話後,將會使文章變得很凌亂、沒有剪裁。而且整篇作文讀起來,就像在讀劇本一樣,讓人忍不住想跟你演起對手戲了呢!

我們來看這個例子吧!

這個同學他在〈我的父親〉中寫了這樣的內容:

我的父親是個很凶的人。每天我都在想：「如果我的父母都是有錢人，我就不用上學了。」但是這些東西都不是我們可以決定的。爸爸叫我去洗澡時，我都跟他說：「你先洗，讓我再讀一下子。」他會說：「你快點去洗。」如果我說：「我不要！」他就會拿棍子叫我去洗，然後我就會說：「好啦！」

當然，這是一個比較極端的例子，這位同學的語文程度低落，描寫「狀態」時，就會使用「對話」的方式去做描述，使得整篇文章變得口語化。

即便是寫作程度佳的學生，也應該注意。

一位平常總能書寫拿到五、六級分的同學，在〈爭吵過後〉的題目中，竟然寫出了這樣的內容：

第一段

還記得八年級的時候，有個人和我曾經是很要好的朋友。某天，我打電話給他，原本只是想問他現在正在做什麼，就是一些噓寒問暖的關心，最後……卻演變成了《犀利人妻》的一句經典臺詞：「我們回不去了！」

第二段

那天，原本是個大晴天，心情很好。想打通電話關心他。但是我每撥一通過去，不是被掛斷，就是聽到電話那頭傳來的機器女聲：「您撥的號碼沒有回應，請稍候再撥！」就這樣擔心了一整天。到了晚上，終於打通，卻換來了一句：「我就不想接啊！」內心百感交集，一句：「那你就別接啊！」就這樣脫口而出，電話掛斷了。換來的則是心中無窮無盡的懊悔……

那句：「我們回不去了。」的經典臺詞不斷地在我腦海播放。接下來的幾天，我嘗試撥打電話，耳裡聽到的，不是「您撥的號碼沒有回應，請稍後再撥。」就是那句「您撥的號碼沒有回應，請稍後再撥。」不斷重複出現，讓我們都好想大聲呼喊「救命啊！」

從這段文字中，讓我們彷彿看著八點檔連續劇在我們眼中上演，十足的畫面感，讓人八卦地看熱鬧，然而過多的對話，容易讓我們覺得到底有完沒完啊？甚至那句「您撥的號碼沒有回應，請稍後再撥。」接著，被硬生生地掛斷。

回到主題來看，那〈一句話的力量〉到底要寫幾句啊？

答案是：

一句！

從頭到尾你就給我寫那一句話就好，然後重複幾次使用？我的看法是兩次就好。

否則，就會像這位作文比賽常勝軍一樣，他在〈一句話的力量〉也犯了莫名其妙的錯誤。

人生中有不同的酸甜苦辣，有時我仰望天上那多變的雲，細細思考人生的方向。「夕陽無限好，明天會更好。」這句話帶領我度過許多人生低潮；這句話讓我在茫茫大海中找到了依靠；這句話讓我能夠再次出發：「希望好像一個家庭，沒有它，你會覺得生活乏味。」現在的我不迷惘、不踟躕，因為我深知：「失敗是成功的力量。」面對挫折，有了這句話，我更能勇往直前。

發現了嗎？

短短一個段落中，他運用了幾句名言佳句？三句耶！但你能看得出來哪一句話才是本次題目的重點嗎？

尤其要記得，這個題目本身就有所限制〈一句話的力量〉，都已經提醒你是一句話的力量了，若還參雜其他的名言佳句，分散這句話所帶來的效果，那這樣寫，是要怎麼拿高分咧？

所以，**我幫你整理好這篇作文，這一句話該放在哪裡書寫了**：

第一段鋪陳，先寫出美麗的廢話，用一下小道具。（小道具的用法請參考第三課〈我最難過的一件事〉的說明。）

第二段交代這句話哪裡冒出來的，然後就點出了這句話。

第三段說明清楚因為這句話的出現，讓你從原本的狀態發生了哪些改變，變成了現在的狀態。

第四段則又再度呼應這句話，就是這句話讓你改變了想法、改變了對生命的態度。

報告完畢！

剛好第二段用一次，第三段喘一口氣、休息一下，第四段再來一次，加深大家對這句子的印象。

到底要加什麼料

寫作文就像炒一盤好菜。我想這句話很多同學都聽過。

是的，一道菜美不美味，除了要看廚師的手藝，火候的拿捏，調味是否恰到好處，食材新不新鮮更是關鍵了。

如果一道菜的食材不新鮮，就算是阿基師來掌廚，恐怕也沒辦法讓人吃得食指大動。

所以，要加什麼料，食材鮮不鮮，還真是重要。

我們在【寫作觀念交流】已經說過，你得先選好「一句話」作為這道題目的主軸來進行書寫，你也可以從本書後面提供的【佳句補給站】來選擇「一句話」。

然後，該怎麼書寫這一道題目呢？

你得這麼思考：

先設定好，這句話是在什麼情況下「聽到、讀到、看到」。

例如：

「閒來無事的一天，我倚靠在床邊，無聊地翻閱書籍，無意間，一段發亮的文字吸引我的目光：『生命若不是一場精彩的冒險，就是過眼雲煙；如果你害怕輸，就不可能贏。』」

當時，「聽到、讀到、看到」這句話時，你心中有哪些想法。

可以這樣寫：

當時，看了這段文字，只覺心頭一震。是啊，原來怯懦的我，缺乏的正是追夢的勇氣。

寫下來原本的你，面對生活中的哪些事情，總是做得不夠好？或是原本的你是個驕傲的傢伙，總是臭屁得不可一世？

179　第七堂課　一句話的力量

又或者是原本的你自卑自憐，對凡事都缺乏衝勁？

你必須先想好：「原本的你」是個什麼樣的人，再去書寫，「聽到、讀到、看到」這句話後的你，有了哪些改變。

你可以去書寫原本的你是個什麼樣個性的人，例如：

原本的我消極懶散，不喜歡嚴肅地面對生活中的大小事。對於比賽或考試，我從未用盡全力參與，其實，我不是不想贏，而是我害怕輸，因為我輸不起，我怕我努力付出，卻得不到好的結果。

而且，題目是〈一句話的力量〉，既然這句話有著神奇的力量，你就得去強調出來，它的力量到底有多了不起，能夠改變些什麼。

自從看到了這句話後，我不再怕輸，面對挑戰，我總是努力的克服。因為這句話，我開始明白我要的是什麼，不斷地挑戰、突破，才是人活著的目的。

除了抒情之外，還得加上些實際的敘述，去描述平時的你面對生活中的一些事情，你的處理或面對的態度如何，然後再加上一些「論述」。去論述一些這句話給人的啟發。

例如你可以在作文中寫到：

「一句話可以把我們引向光明，也可以把我們留在谷底」↑論述。

或是：

「船的建造，不是為了停留在港口，而是為了航向全世界。」↑論述。

因為題目是〈一句話的力量〉，所以書寫結尾時不可以軟弱無力，你要去書寫改變後的自己成了一個什麼樣態度的人，所以你可以這樣寫：

「這句暮鼓晨鐘的話，總能帶給我力量。讓我挺起胸膛，邁開大步，勇往直前，面向陽光！」

用這樣強而有力又積極的方式寫結尾，既能強調出一句話的力量，又能強調出改變後的自己用什麼樣的方式面對生命。

佳句補給站

1. 一個人的快樂，不是因為他擁有得多，而是因為他計較得少。
→體會：忘懷計較，因而變得知足、快樂。

2. 一個人的價值，應該看他貢獻什麼，而不是取得什麼。（愛因斯坦）
→體會：鼓勵付出，人生是一段付出的過程，而不是貪婪、毫無節制的掠取。

3. 一時的錯誤不算什麼，錯而不改才是一生中永遠且最大的錯誤。
→體會：知過改過，原來錯誤並不可怕，將錯就錯，一錯再錯，才是真正該恐懼的。

4. 人生有許多事情，正如船後的波紋，總要過後才覺得美。
→體會：堅持，在痛苦的當下，也能讓我提醒自己，當我熬過了暴風雨，說不定回頭會是一片美麗晴空。

5. 人們喜歡懷疑，那正是我們科學的種子。（愛默生）
→體會：提醒自己不要遺忘自己的好奇心，要保持疑問，因為有懷疑，因為有問號，所以才會進步。

6. 不要小看自己，因為人有無限的可能。
→體會：增添信心，不要輕易放棄目標，要相信自己，相信自己沒有極限。

7. 友誼是生活的調味品，也是生活上的止痛劑。
→體會：珍惜友誼，讓生活中的快樂加倍，痛苦減半。

8. 世界上真正有價值的事物，需要熱情和犧牲才能完成。（史懷哲）
→體會：讓人能下定決心，追求夢想必須要有犧牲的覺悟，要有滿懷的熱情。

9. 只要是汗水，都將結成甜美的果實。
→體會：保持恆心，相信一分耕耘一分收穫，相信苦到了盡頭，自然會有甘甜。

10. 生命是一篇小說，不在長，而在好。（辛尼加）
→體會：勇敢追尋，生命的價值和長度並非成正比，認為該做的事情，就不應該苟且偷生畏畏縮縮。

11. 生活缺乏冒險便一無所成：避免危險不比暴露在危險中安全。（海倫‧凱勒）
→體會：讓人勇敢，冒險是讓生命豐富，生活安全的嘗試之一，所以不應該對於陌生的事物過於害怕。

12. 生氣，就是拿別人的過錯來懲罰自己。（證嚴法師）
→體會：學會原諒，耿耿於懷他人的錯誤，其實是在對自己二度傷害，應該要放下脾氣，正視問題。

13. 如果你總是盡最大的努力，那麼最糟的事永遠不會發生。（福伯斯）
→體會：盡力，凡事應該傾盡能力而為，只要不逃避，就不會走到最壞的那一步。

14. 你說什麼、希望什麼、期待什麼、想要什麼都不重要，只有你做了什麼才算數。
→體會：鼓勵自己行動，夢想如果不實踐，就只是夢，只是想而已。

15. 每一個失敗都是一個邀請，邀請我們重新來過。
→體會：保持樂觀，不讓失敗變得可怕，讓自己以開闊的心胸面對挫折。

16. 命運若安排一個敵人給你，也許是一個恩賜。
→體會：樂觀看待，敵人的出現並不是厄運，那是上帝為激發潛能的安排。

17. 很多事情的答案都不是只有一個，所以我們永遠有路可以走。
→體會：不要絕望，天無絕人之路。

18. 最困難的時候，也就是我們離成功不遠的地方。
→體會：堅持，保持信心，保持努力的步調。

為作文鑲上鑽石

晦暗　迷惘　追溯　推崇　屏障　躊躇　頹唐　懺悔　禁錮　緘默不語　饒恕

空蕩蕩　心如刀割　突如其來　肅然起敬　靈光一閃　問心無愧　驚慌失措

禍不單行　觸景傷情　登峰造極　心如死灰　不知所措　提心吊膽　樂此不疲

漠不關心　甦醒　抖擻　覺醒　耿耿於懷　警惕　氣勢磅礴　驚慌　不同凡響

當頭棒喝　迎刃而解　熱忱　折騰　渺小　退縮　自卑自憐　仰望　深淵　熱鐵烙膚

修辭一點靈

譬喻法

譬喻法，也可稱為比喻，也就是運用其他類似的事物做聯想，來說明原本的事物。

譬喻又可分為：明喻、暗喻、借喻、略喻四種。

譬喻句的構成要素有三者：喻體＋喻詞＋喻依。

喻體是指描寫的對象。

喻依是指用來比方喻體的另一人、事、物。

喻詞則是用來連接喻體和喻依的語詞。

沉默木訥　暮鼓晨鐘　悸動　澎湃　絢爛　養尊處優　衝破人生的冰河　瀰漫　揮灑

籠罩　吞噬　顫抖　呼嘯而過　席捲　疲憊　喧囂　束縛　掙脫　雋永　虛無　奢侈

驅逐　波濤洶湧　流竄　荒原　屏息以待　沉默不語

明喻

我們先來看明喻：

明喻的喻詞有哪些？

像、好像、有如、猶如、宛如、好似、恰似。

明喻＝喻體＋喻詞＋喻依

例句：

1. 他現在的心情平靜如水，沒有一絲漣漪，就算是一件壞事，也激不起半點波紋。（藍蔭鼎〈飲水思源〉）
2. 若要生命像豐收的地，就該一層層地找出那最重要的關鍵。（謝冰瑩《碧瑤之戀》）
3. 聽到結婚兩字，淑美的心，像一塊鉛板似的往下沉。（金華〈箭鏃〉）
4. 祕密像夏天櫥窗中的美味，根本無法長久保留。（陳黎〈聲音鐘〉）
5. 日子安靜得像掛在壁上的月曆。
6. 看見湖岸的楊柳樹上，好像過著幾萬串嫩綠的珠子，在溫暖的春風中飄來飄去。（豐子愷〈楊柳〉）
7. 菸酒之於人生，猶如標點之於文字。（菸酒公賣局廣告）

隱喻（暗喻）

暗喻的喻詞有哪些？

是、就是、變成、成為、成了。

注意：**與明喻不同之處在喻詞。**

暗喻＝喻體＋喻詞＋喻依

例句：

1. 心是一口井，黑而幽深。（司馬中原〈如歌的行板〉）
2. 路是無聲的語言，無形的文字。（熊昆珍〈路〉）
3. 因循怠惰是一個阻撓進步的絆腳石。
4. 那河畔的金柳，是夕陽中的新娘。（徐志摩《再別康橋》）
5. 人生是一奮鬥的戰場。（陳之藩〈哲學家皇帝〉）
6. 我是一匹來自北方的狼，走在無垠的曠野中。（紀弦〈狼〉）
7. 煩憂是一個不可見的天才雕刻家。（齊秦〈雕刻家〉）
8. 專家還不是訓練有素的狗？多少專家都是人事不知的狗。（陳之藩〈哲學家皇帝〉）

略喻

略喻沒有喻詞，只有喻體和喻依。省略的喻詞，則用逗號（，）代替。

略喻＝喻體＋（，）＋喻依。

例句：

1. 蓮花,池塘裡美麗的公主。
2. 生氣的老師,使人發抖的凶猛獅子。
3. 女人心,海底針。
4. 時間,愛情的試金石。(呼嘯〈家園戀〉)
5. 佛靠一炷香,人爭一口氣。
6. 人善被人欺,馬善被人騎。
7. 真金不怕火煉,真人不說假話。
8. 好男不當兵,好鐵不打釘。

借喻

借喻沒有喻詞也沒有喻體,只有喻依。

例句:

1. 你不妨搖曳著一頭的蓬草,不妨縱容你滿臉的苔蘚。(徐志摩〈翡冷翠山居閒話〉)
2. 歲寒,然後知松柏後凋也。
3. 羊毛出在羊身上。
4. 狗改不了吃屎。
5. 貓哭耗子假慈悲。

6. 牛牽到北京還是牛。

7. 撒了滿天的珍珠和一個又圓又白的玉盤。（楊喚〈夏夜〉）

8. 也許在讀一些書的時候，你雖盡力誦記，末了卻是忘掉了。但是不必以為無所獲得，「入過寶山的人，絕不會空回的。」（張秀亞〈書〉）

頒獎時刻——金筆獎

寫作範本

〈一句話的力量〉 林邇璨

在我們的一生中，總有一句影響最深的話。它改變了生命的走向，也為我們鋪出一條與眾不同的道路，將我們的未來引向光明，或是推落黑暗的深淵。

多年前某個春天午後，我一個人坐在書房讀書。穿過綠葉的一束金黃灑落在桌上，這時，一段文字散發出耀眼光芒，更勝那明媚的春光，深深印入我心，宛如熱鐵烙膚一般。「不要小看自己，因為人有無限可能。」這句話有如暮鼓晨鐘，讓我從此不同以往。原先的我，是個膽小懦弱、缺乏自信的人，因為這樣的性格，也造就了一個灰暗的童年。小的時後，因為個性使然的關係，從幼稚園起，我就不敢主動和人接觸，無法融入群體，只能一個人默默地做自己的事；老師上課時，大部分的內容我

189　第七堂課　一句話的力量

早已熟記於心，但每當老師發問時，我卻害怕不小心答錯會遭受嘲笑，因此總沉默木訥，以至於老師認為我資質愚笨。直到小學後，我仍是一個人抱著一本書，而不和其他人一同互動。

但是，這句話卻改變了我，我開始慢慢地展開心門，試著接近那些原本陌生的同學，結果他們不僅沒有排擠我，更對我十分友善，也讓我找到了自信和勇氣。在那之後，我除了上課時間踴躍發言，更積極參加各式比賽。我發現，世界沒有想像中如此可怕，我更沒有那麼不堪。原來只要相信自己，就能發揮無限潛能。

多年後，再次坐在書桌前，看著當年的那本書，我發現一切都變了，我不再是個軟弱沒自信的人，現在的我挺起胸膛，無畏的迎向挑戰，那句話依然鏤刻在心板：「不要小看自己，因為人有無限可能。」

〈一句話的力量〉 曹宜萱

我躺在一片廣大的原野，微微的風吹拂著小草。仰望天上的月亮，我好像看見曾失落而徬徨的自己。覺得月亮好寂寞，獨自一人高掛在雲端，承受這無聲而黑暗夜晚。

原本的我找不到太陽，找不到自己的特質。迷惘地坐在電視機前，無意間聽到林書豪說：「我要超越的是我自己。」頓時間海浪撞擊著心頭，我開始思考著。本來的我總覺得自己不如人，參加比賽從沒得名。覺得夢想瀰漫著濃霧，離我好遠好遠；覺

得夢想就像彩虹，有著美麗的色彩卻摸不到。覺得自己明明用盡全力，卻換來冷冷的結果。有如在炎熱的沙漠中，找不到綠洲，被陽光折騰著；有如在寒冷的極地中，回不到營地，被冰凍成雪人。我曾望著懸崖嘆氣，曾在黑暗中摸索，曾找不到自己的方向。我曾覺得自己只是一粒沙，渺小而微弱，被風帶著走，不會引起別人的目光，不會有昂貴的價值。

我慢慢思考著這句話：「我要超越的是我自己。」突然間豁然開朗。我了解到不需要和人比較，因為最大的敵人是自己，只有不斷地突破自己，才能達到更高境界。我精神抖擻，對於夢想的熱情滿溢。我相信自己是很棒的，躊躇的我警醒了。我不再是一粒沙，我努力再努力，我想要從沙子變成珍珠，證明自己的價值。我覺得好快樂，有一股力量將我推向夢想的梯子。有夢想的人就不該怕痛，每當我遇到挫折時，我便將它當成磨練。人生就是不停的戰鬥，當我逆水行舟時，有一股熱忱推著我走。每一滴的汗水都將成為甜美的果實，人如果不勇敢追求夢想，生活就會空洞乏味。不要因為輸了一場比賽而耿耿於懷，就放手一搏，看自己能飛得多高，闖出一片只屬於自己的天空吧！

我覺得月亮不再孤單了，她在夜晚中散發著自己柔和的光芒照亮大地，讓這片土地充滿詩意。「我要超越的是我自己。」是啊！何必在意別人，只要一直突破自己，生命便很美好。腳踏實地而積極創新，人生將會是一曲不同凡響的樂章！

〈一句話的力量〉 林宜錚

　　人的生命旅途中有許多風景，有平原、峽谷；有細流、洪水，偶爾被地面突起的石頭絆倒卻能警惕自己的人，總會再向成功靠近一步。

　　以前我總是害怕，我害怕自己做錯、害怕嘲笑，甚至於害怕失敗，我消沉地不敢面對所有挑戰，對下了戰帖的關卡一一回絕，對於氣勢張揚的困難我總是退縮在牆角，明明是如此和煦的陽光，我卻空擔心著，明明自信的我面對對手卻瞬間軟弱，好比找不到家的螞蟻，驚慌而無力。我擔心挫折帶給我的苦澀，我畏懼在眾人面前出糗，我逃避以至於我沒有勇氣去面對更多事物，我消極地裝作不在乎，表面上的不屑是我用來掩蓋我害怕的面具，直到那段如鑲金般閃爍著的文字吸引了我，打醒了我為止。

　　「每一個失敗都是一個邀請，邀請我們重新來過。」它有如當頭棒喝敲醒了我，我才警覺到我的懦弱。我不停地退縮，卻沒想到面對，但我已經厭倦了成天的消極，我厭倦於一如往常的畏懼和拒絕。我終於試著面對，失敗只不過是必經之路，嘲笑往往是給懦弱的人，我嘗試參加各式各樣的比賽，無論結果是好是壞，是失敗又或者是成功，我沉浸在享受那之中的樂趣。我不想再次成為過去迷惘的自我，讓死灰埋住自己，我寧可享受己下次得更上層樓。我仍然替自己感到光榮，並且告訴自己下次得更上層樓。

　　「每一個失敗都是一個邀請，邀請我們重新來過。」失敗就像坑坑洞洞的道路，那些更進一步的甜美果實，也不要使害怕吞噬了自己，那些無法取代的成就才可以緊緊地圍繞在我身旁。

雖然崎嶇難行卻很真實，雖然艱辛但是過了卻很甜美，面對每次的邀請，我總能迎刃而解打倒困難，促使自己更加進步。

第八堂課 我的偶像

【學習目標】
- 寫出自身的觀點
- 如何濃縮、精簡人物故事
- 作文小道具的使用
- 層遞法

主題課程

我的偶像

說明：

每個人都會有崇拜的偶像，這個人不一定必須是個名人或偉人。也許你的偶像在你的眼中是個巨人；但在別人眼中卻是個渺小平凡的人。不管你的偶像是個了不起或不起眼的人，他之所以會成為你的偶像，一定有他過人之處，一定是從你的眼中看見了他不凡的光芒，感動了你，讓你崇拜他、學習他、仿效他。現在，請你以〈我的偶像〉為題目，寫出一篇扣人心弦的文章吧！

寫作觀念交流

〈我的偶像〉是個聽起來很八股的題目。

老套、陳腐，而且只要一出此道題目，所有學生都會群起抗議：「我沒有偶像啦！」

問題是，不管你到底有沒有崇拜的對象。

考試若考到了這題，你就得寫。

所以，還是乖乖面對。

好好上完這堂課，了解〈我的偶像〉這類型題目到底要怎麼寫、該怎麼寫，才能夠寫出不落於俗套，又有自己的見解。

首先，你得先想想，有「誰」好寫？

這個人物，你熟不熟悉，對他的生平了解有多少，他做了哪些偉大的事蹟？付出了什麼貢獻？是否改變了世界？

有人想到，我要寫德蕾莎修女。

這是個很好的寫作題材。

但這時有學生被「困住了」：我不知道德蕾莎修女，生於何時，死於何時耶！

問題來了，她何時生、何時死，是寫作的重點嗎？

不是。

既然不是，那能不能寫她？

當然能。

但你得對她「做了什麼事情」有所了解。

寫任何的題材，你都得掌握一個原則，書寫一個你很熟悉的對象。

於是，我課堂所發下的講義中提供了德蕾莎修女的人生故事。

就有學生馬上振筆疾書地「寫」下了作文。

但與其說是「寫」，倒不如說是「抄」。

197　第八堂課　我的偶像

他開頭這麼寫著：

在這個地球上，不管是誰，不管他是有錢的人，還是貧窮的人，都可以成為一個名人，但是如果想成為名人的話，就必須要有讓別人崇拜的地方。他們就像在天空上閃亮的星星一樣，讓他們的名字映在每一個人的心中，而我的偶像就是——德蕾莎修女。

中間兩段則是把老師講義中，所提供的德蕾莎修女的生平稍作修改，然後抄上。

尾段寫著：

所以如果你真想成為一個讓大家都知道你是誰的人的話，就必須做出令人出乎意料之外的大事情，最後送你們一句名言：「成功之前一定要努力，但是努力不一定會成功。」希望我能像德蕾莎修女一樣，做事情都能堅持到最後，不要半途而廢。

好極了！

我想請問同學。

〈我的偶像〉這篇作文的寫作主題是什麼？是講你崇敬偶像的人生故事嗎？是把他的生平完完全全地交代出來嗎？是鉅細靡遺地告訴我們他的人生經過了哪些失敗，

才有今日的成功與不朽嗎？

這些偉人名人的一生，需要同學來「描述給」閱卷老師了解嗎？

當然不需要！

你們千千萬萬要學會一件事：不要把讀者當白痴，尤其不要把閱卷老師當白痴！很多同學很喜歡在作文中用括號標示，在括號中註明解釋，這些都是多此一舉的行為。

又像是在作文中告訴我們甘地的人生、德蕾莎修女的奉獻、林義傑橫跨沙撒哈沙漠、馬拉拉的勇氣，這些同學都知道的，老師基本上也會知道。

所以閱卷老師不需要你在作文中寫出一個人物的一生，再用三言兩語告訴我們他就是你崇拜的對象，之後就匆匆畫上句點，結束。

我們希望在文章中讀到的，是這個偶像為你帶來哪些啟示？他是否成為你模仿的一個對象？你在他的身上看見了哪些特質，深深地影響了你、改變了你；讓你對生命有了哪些改觀？有了哪些想法，讓你變得不一樣？

這才是閱卷老師要你寫的內容。

而且，你必須從文章中去顯露出，你是個有思想、有深度的學生。

因為你能看見這個「偶像」不同於他人的光芒，而你又被這樣的光芒指引到什麼樣的道路上，找到屬於自己追求的方向。

199　第八堂課　我的偶像

這是最最需要在這個文章中表達的思想。

有學生寫了郎朗,這位鋼琴天才,他這麼寫道:

大部分的人們,常常一味地崇拜天才所擁有的天賦異稟,卻完全忽略他臺下及背後的努力。沒錯,郎朗真的是一名不平凡的天才,但他也同時擁有不平凡的堅毅。在郎朗《我用鋼琴改變世界裡》,記載了他從小學開始學琴,到長大成為世界著名鋼琴家的一個生命歷程,不知道的人,真的無法想像他是如何的努力!

簡短的述說與交代郎朗的經歷,但卻寫出自身的觀點:

大部分的人們,常常一味地崇拜天才所擁有的天賦異稟,卻完全忽略他臺下及背後的努力。

這正是觀點。

「郎朗真的是一名不平凡的天才。」→偶像經歷。

「但他也同時擁有不平凡的堅毅。」→自身觀點。

他又寫道：

我從未看過有人能如此堅毅！這十幾年的歲月中，郎朗從來沒有絲毫的迷惘，從未要求休息；鋼琴就像是他的生命，儘管受到這世界無情的摧殘，依然熱情不減。回頭想想我們這些總是三分鐘熱度的人，真的打從心底地感到羞愧。

「我從未看過有人能如此堅毅！」→自身觀點。

「這十幾年的歲月中，郎朗從來沒有絲毫的迷惘，從未要求休息。」→偶像經歷。

「鋼琴就像是他的生命，儘管受到這世界無情的摧殘，依然熱情不減。回頭想想我們這些總是三分鐘熱度的人，真的打從心底地感到羞愧。」→自身觀點。

看完上述所列的例子，同學認為觀點要寫得多，還是經歷寫得多？

答案當然是：觀點要寫得多。

所以，在書寫時，我們一定要盡量「簡化」故事的內容，把故事內容濃縮到最精華，厲害地用三言兩語交代偉人或名人的「背景」，然後書寫你在這位偉人或名人身上，學習到哪些事情，得到哪些啓發。

但是，我仍然會在批改作文時，看見這樣的書寫，老師所提示或要求的，都做到了，但因為文筆不佳，所以書寫出來的內容單調無比，絮絮叨叨個沒完。

A同學

我的偶像是邱吉爾。我最喜歡邱吉爾的一句話：「堅持住，勝利在我們這邊。」當我在複習考試時，因為科目很多，常常想要放棄，但當我想到這句話時，我又會想要繼續努力，只要有盡力至少可以考一個好看的分數，但放棄就等於零，使之前的辛苦都白費了。所以，每次我要放棄，我就想起邱吉爾說過的話，然後我就不會放棄，反而繼續努力。

老師OS：
是走進迷宮裡出不來了嗎？怎麼這段有點鬼打牆，看不懂一直重複是想表達什麼意境嗎？

B同學

巴菲特對我的影響很大，讓我對投資理財的想法完全改觀，從十歲開始看了《巴菲特傳》之後，我開始有了儲蓄的觀念，到現在三年的養成的習慣讓我在銀行的戶頭

有一筆對我來說並不小的數目，我也把這些好的方法告訴親朋好友，不知是不是也像我一樣有不少靠儲蓄賺到錢。現在我也知道買東西要貨比三家，才不吃虧；不能看見喜歡的東西就買，這樣有再好的理財方法，也沒辦法讓錢增加。

老師ＯＳ：
看完這位同學的作文讓老師很想握拳，並深吸一口氣後感謝他：謝謝您分享投資理財的心得，我會靠著努力儲蓄以及貨比三家的心態，控制自己的欲望，不能看見喜歡的東西就買下來的方法，努力成為巴菲特第二的！

另外，在這裡也要提醒同學一件事。

如果你真的沒有靈感，腦袋空空，就是想不起任何名人偉人或生命鬥士可以成為你筆下的人物，

那麼依據此題目的要求，你是可以書寫你身邊親近熟悉的人。

題目的說明中有提到：「每個人都會有崇拜的偶像，這個人不一定必須是個名人或偉人。」

所以我們可以選擇熟悉的親人或老師來作為此道題目的材料。

就像下面所列的範文，這位同學選擇了最熟悉的人物——爺爺，來作為書寫的題材。

203　第八堂課　我的偶像

懵懂無知的我，不愛學習下棋的策略，卻對勝利有著無限的憧憬，然而，沒有努力怎麼會有收穫呢？一次次的下棋，也等於一次次的挫敗，終於，他打動了我，向他學習下棋的奧妙。他的鼓勵與開導，陪伴我進行一次次的練習，讓我的棋藝與日俱增；有時，他為了鼓勵我，故意下輸棋又不想讓我知道；有時，怕我心高氣傲，便將我打得體無完膚，讓我敗得淒慘！他在無形中調整了我的心境，也讓我了解為人處事的圓融，不能一味地讓別人灰心挫折，也不能讓別人驕傲自大，中庸之道，便是為人處事的康莊大道。

有一次下棋時，眼看爺爺的局勢岌岌可危，不禁使我得意了起來；他卻只是笑呵呵地看著棋盤，棋甫落定，卻又把我逼入了絕境。「處變不驚」是他教我的第二個道理。無論在多麼危險的狀況，著急又是無濟於事，不妨冷靜地觀察，覓出解決危難的一線生機。

這位同學選擇爺爺作為偶像的題材，雖然整篇作文沒有描寫爺爺的外表，但我們從字裡行間，卻能看見一個爺爺和孫子之間的互動，那副氣定神閒的從容態度，與關愛孫子的神情。

老師通常不太建議同學書寫這類型題材時把親人寫入，是因為很多同學在書寫時會偏離主題，忘了主旨該是書寫偶像成為同學心中偶像的主因，比方有同學選擇寫媽媽為偶像，但書寫到最後又變成〈我愛媽媽〉，選擇寫最好的朋友，又常寫著寫成在寫〈我和我的好朋友〉。

但這位同學在書寫爺爺時，把握住了必須寫出爺爺成為他心中偶像的原因，也寫出了在爺爺身上看見哪些值得學習的特質，更寫出了爺爺教會他的道理，所以，他在結尾這麼寫著：

一次次的下棋，一次次的指導，教會我為人處事的道理；一次次的練習，一次次的對弈，讓我了解做事的法則。他是我的爺爺、我的恩師，亦是一位受我尊敬的偶像。

這位同學這樣寫，有沒有厲害？但還是請你一定要強迫自己藉由這一堂課的練習，將名人、偉人寫進你的作文中。現在有練過，考試就不用怕「突槌」喔！

密技大公開

其實，〈我的偶像〉不太容易掌握。

雖然這個題目是「寫人」，感覺上不會太難。

但文筆能力極佳的學生把這個題目寫壞了的，卻所在多有。

有一些學生，會把冗長的「偶像生平」完整地敘述出來，因為對學生而言，這是「交代」。

所以這類型的學生通常第一段會乖乖地聽我的話,使用「小道具」作鋪陳(請參考第三課〈我最難過的一件事〉),但從第二段開始書寫偶像的生平故事,一路寫到第三段結束。然後最後一段再寫出從這個偶像的處事方式中學習到了哪些大道理就結束。

不過,要怎麼才能寫得好呢?
我們先來看這篇文章:

〈我的偶像〉 林珊如
第一段

有些人,是天上那閃爍的星光,彷彿光彩奪目的星辰,點綴著無垠的蒼穹,他們,使生命,發光發熱,使平凡,轉換成奇蹟;使累積的失敗,在無形中轉變為成功,這些偶像,永不畏懼失敗,而選擇勇往直前;不顧旁人異樣的眼光,而選擇做自己。

老師OS:
這篇作文很厲害的地方是:他在第一段一開始先埋下伏筆,不告訴我們他心中的偶像是誰;反而以「星光」譬喻偶像,去強調這樣子的人的存在,可以使平凡轉換成

奇蹟，可以使失敗轉化為成功，還去強調這樣的人，從不顧旁人異樣的眼光，能忠於自己的選擇，做自己。

第二段

她——是德蕾莎修女，她同時也是我崇拜的偶像。毅然決然地走出那座高牆——那貧困與貴族的界線。這一邊，是貴族；另一邊，卻是最窮的貧民們。她，選擇了走向那一邊，充斥著貧窮，充斥著人性的醜惡。就是那一個聲音，那促使她的原動力，天母的那一句話：「德蕾莎，去犧牲奉獻自己吧！」她醒悟了！避開從中阻撓的人群，這——是她的堅持！

老師OS：
在記敘中用精簡卻有力量的文字強調出來德蕾莎修女的偉大。

第三段

德蕾莎修女的堅毅精神，我永誌不忘。她，是那顆明星，是那顆鑽石，是那善良的慈悲天使；她的愛，是不朽的；她的情，是互古的。德蕾莎的堅強，早已深深烙印我心。在遭遇了許多的失敗後，她堅持著，將一切的失敗化作墊腳石，將失敗的悲憤

化作邁進的動力,將人性的溫暖呈現於世人。她,是堅強的象徵。

老師OS:

作者用譬喻法強調出德蕾莎的不凡,運用排比法製造出韻律感,以及用映襯法襯托出德蕾莎修女在困境中前進的堅強韌性。最厲害的地方是:作者會使用排比法的收尾。

很多人會寫排比句,但往往寫了三句排比句就換下一段,但看看作者怎麼寫這段呢?她先是寫「將一切的失敗化作墊腳石,將失敗的悲憤化作邁進的動力,將人性的溫暖呈現於世人。」,然後用「她,是堅強的象徵。」為那排比句作註解,這樣的排比收尾法才能夠突顯出力量。

第四段

她,面臨過無數次的失意,從中阻撓的教會使她不知所措,但,她勇敢地做出決定。她,想要做自己,幫助那些人;她,想要造福世人,將愛遞送給寂寥;她,渴望走出教會的禁錮,找到屬於自己的夢想。這便是她——德蕾莎修女,那勇往追夢的勇者。

老師OS：

很多同學寫人物作文時常犯了一個大毛病：就是滔滔不絕地講述人物的生平事蹟，卻忽略了寫作的重點：從事件中得到哪些啟發。但這篇作文的作者很棒，簡單敘述德蕾莎修女如何面對困境，並從困境中生出勇氣。

第五段

德蕾莎修女，妳是我心中永垂不朽的那盞明燈。失意時，妳總是點醒我，告訴我，人生中有許多的不如意，別畏懼。因為有妳，我堅強、我剛毅；妳那亙古不熄的堅持，早已深刻地轉印於我心：妳的不朽，將是我心中永遠的偶像。妳的愛，將──流傳千古。

老師OS：

作者在最後一段書寫時，已經先用譬喻寫出德蕾莎修女在她心中如同永垂不朽的明燈，並用簡潔有力的排比：「因為有妳，我堅強、我剛毅。」寫出德蕾莎修女示範了一個堅強剛毅的人格典範，並強調出這是為什麼德蕾莎修女成為她心中的偶像的原因。

上面所選的這篇文章好，好在哪裡？

好就好在於：作者不僅僅是用優美的文字簡化、濃縮了德蕾莎修女的一生，還在其中描寫了崇拜德蕾莎修女的原因，更在文章中夾敘夾議地寫出被德蕾莎修女的哪些付出所深深感動。這道題目雖然屬於論說文體，但老師多次強調，目前會考作文的趨勢已不再像過去那樣，所有的文體都必須壁壘分明，論說文從頭論說到底，不夾帶一絲感情；抒情文從頭到腳都要有無盡的情意，不得有論說的鏗鏘有力。現在的作文中，即使是論說文，你也得有敘述、有抒情；相同地，抒情文中，你也得有記敘的描繪，有情感的抒發，才能成就一篇美文。

到底要加什麼料

很多人在書寫這個題目時，選擇了不熟悉的人物。

因為不熟悉，所以往往將人物背景寫錯。

或是因為不熟悉，導致於沒有材料可以寫或寫來貧乏，缺乏說服力。

就像這位同學選了賈伯斯來寫，卻寫得單薄無力：

賈伯斯在我的眼裡有如一顆大太陽照耀著我，因為在還沒有iPhone的時候，大家都還在用Nokia或其他舊舊的手機，自從有了賈伯斯，世界整個變了，原本用速度緩

慢的手機，一下子跳到了又快又好的智慧型手機，就因為他創造出了最新型手機，就變得這麼有名，那我也要像他一樣有錢！

老師OS：

敘述文字的手法太幼稚及口語化，一整個在自言自語而非寫作，也完全沒有交代為什麼賈伯斯像太陽照耀著作者；尤其是最後的「就變得這麼有名，那我也要像他一樣有錢。」讓人讀了覺得：真是夠了！

就像下列所舉的恐怖例子，是許多同學在書寫〈我的偶像〉這道題目時常犯的錯誤，不得不慎！

這是某位同學書寫〈我的偶像〉時的第一段，聽從老師的建議，乖乖的以小道具來書寫首尾呼應法的首段，開場白先將心目中的偶像譬喻為星星，書寫偶像散發出的光芒耀眼奪目，為世人所記得。

一顆光彩奪目的繁星，是由無數的挫折與失敗所磨練出的，才能讓我們看到那閃爍的星光，被世人記錄在不朽傳奇中的一小部分。

老師OS：

撇開句子不太通順以及缺乏美感的毛病來談，光是第一句開場白就很奇妙了！

211　第八堂課　我的偶像

既然都提到「一顆」，怎麼又會是「繁星」？若真要寫，就直接寫「一顆光彩奪目的星星」，不是簡單多了，還不容易被人挑毛病？

這位同學的選材很不錯，他選擇了麵包師傅吳寶春做為自己的偶像，中間兩個段落也寫得不錯，壞就壞在他的最後一段，又發生悲劇了……

他，就像顆流星，在我們面前閃爍著，而我是他的尾巴後頭的流星塵，泛著微弱的閃爍，只要我能堅持自己的夢想，相信就能成為像吳寶春一樣的流星劃過大家的眼眸！

老師OS：

若是吳寶春先生看到這位同學所寫的尾段，應該會很傷心吧！竟然把吳寶春譬喻為流星？

什麼星星不寫，為什麼要去寫顆瞬間閃耀，隨即殞落的星？流星很美，劃過天際時，燦爛了所有人的眼眸，但很快地，它也將殞落，化作一地的嘆息。畢竟，我們的吳寶春先生還活得好好的，如果我們寫瑪莉蓮‧夢露，或是貓王，或是李小龍等已逝的名人，或許用流星的殞落來譬喻還說得過去，健在的人，就寫他是顆明亮的星吧！

陳安如老師的高分會考作文課　212

哪些題目會遇到需要寫名人、偉人、生命鬥士呢？

就像以下所列的題目：

〈我想成為那樣的人〉、〈我曾那樣追尋〉、〈勇者的畫像〉、〈我心中的大人物〉、〈生命鬥士之歌〉等等。

另外，很多同學常常搞不清楚名人、偉人、生命鬥士和殘障人士有什麼不同？在這邊做說明。

通常，當我問同學名人是什麼時，大多數同學的反應都滿一致的：就是《火影忍者》裡面的「鳴人」啊！

唉。

教育部國語字典網裡對於「名人」的定義之一，是「負有盛名的人」；而對「偉人」的定義，則是「偉大的人物」。

通常我是教學生這樣分辨的：偉人，就是很了不起，而且已經死翹翹的人。就像國父 孫中山、華盛頓、甘地、德蕾莎修女、愛因斯坦、南丁格爾這類型，曾為人們付出，有所貢獻，但已經過世的人物。

而名人則是「有名」。

213　第八堂課　我的偶像

比方說：

陳樹菊阿嬤，她享有盛名的原因是因為她是名菜販，省吃儉用辛苦攢下來的錢卻無私地捐獻出去，

而郎朗或馬友友，也是當代名人。

林書豪、王建民、周杰倫、蔡依林，也都是當代名人。

但他們的有名之處，則又有些不同。

通常名人都是近代的居多。而且大多數都還活著。

所以我們一定要了解之間的差異，才能在書寫時不至於用詞寫法奇異，寫出奇怪的文章。

因為有太多太多的題型都跟名人或偉人相關。

例如你可以寫德蕾莎修女是個偉人，但若你寫「德蕾莎修女是個知名人士」，這就奇怪了吧？

或是你寫「林書豪是位名人」，這很正常，但你寫「林書豪是位偉人」，那也頗奇怪！

所以，同學在書寫時，詞彙運用要小心啊！

至於生命鬥士的定義，因為教育部國語字典網站上沒有提供，所以這邊就容我自己下個定義。

簡單來說，生命鬥士通常指稱的是身體上有所殘缺的人，但不因身體上的殘缺而

放棄自己，反而更加熱愛生命、擁抱生命。

就像力克‧胡哲。

就像乙武洋匡。

就像楊恩典、蕭建華、謝坤山。

上天給了他們不完美的軀體，他們卻在困境中展現不凡的堅毅，演繹生命的奇蹟！

很妙的是，有很多學生在寫作上會有奇怪的謬誤。

例如在書寫〈我想成為那樣的人〉這道題目時，很多同學會談到杏林子、周大觀、海倫‧凱勒等生命鬥士，會寫到他們殘而不廢的故事激勵了自己，但總會看到這樣的句子出現：

我想成為像海倫‧凱勒這樣的殘障人士！我想像她一樣！向她看齊！

哪裡有問題呢？

問題出在「殘障人士」這四個字，我們該怎麼寫才是正確的？

答案該寫「生命鬥士」啊！

再者，「我想成為像海倫‧凱勒這樣的殘障人士！」這個句子，嗯……你確定你真的想跟海倫‧凱勒一樣？

215　第八堂課　我的偶像

所以，同學在書寫時務必搞清楚，偉人、名人、生命鬥士代表的意義到底是什麼？而〈勇者的畫像〉或〈我心中的大人物〉所要求我們書寫的對象又是什麼，才不至於犯下「傻傻分不清」的錯誤，寫出奇怪的言論！

● 寫作材料庫

可入題的參考人選

1. 王永慶
2. 甘地
3. 吳季剛
4. 吳寶春
5. 李安
6. 周杰倫
7. 鹿野忠雄
8. 珍‧古德
9. 林義傑
10. 張栩
11. 許方宜
12. 比爾‧蓋茲
13. 賈伯斯
14. 鄧肯
15. 巴菲特
16. 蕭敬騰
17. 楊恩典
18. 史懷哲
19. 林懷民
20. 德蕾莎
21. 郎朗
22. 乙武洋匡
23. 陳樹菊
24. 嚴長壽
25. 力克‧胡哲
26. 侯文詠
27. 九把刀

陳安如老師的高分會考作文課　216

礙於篇幅，老師提供同學以上二十七位人物作參考，書寫時不一定非得寫上述所列的二十七位，如果你心中已有既定人選，那麼可以不參考此項。若你寫作沒有人物材料可寫，建議可以找出上述所列的人物的相關書籍或資訊參考。

老師這麼建議同學，每個人名言佳句得背十句，而人物故事則「一定」要有三個人物故事在你的腦袋裡，怎麼挑選？

請熟記一個偉人的故事以及一位名人的故事，還有一位生命鬥士的故事，這樣一來，無論考題怎麼考，相信都綽綽有餘，足夠使用。

佳句補給站

1. 屠格涅夫：真正的熱情像美麗的花朵，地面越貧瘠，開起來就越耀眼。
2. 羅曼・羅蘭：最可怕的敵人，就是沒有堅強的信念。
3. 泰戈爾：當你為錯過太陽而流淚時，你也將錯過群星。
4. 居里夫人：弱者坐待良機，強者創造時機。
5. 愛默生：自信是成功的第一祕訣。
6. 莎士比亞：自信是走向成功的第一步。
7. 雨果：我寧願靠自己的力量打開我的前途，也不願求有利者的垂青。
8. 布萊希特：不管我們踩什麼樣的高蹺，沒有自己的腳是不行的。

9. 拿破崙：我只有一個忠告——做你自己的主人。

10. 大仲馬：自信和希望是青年的特權。

11. 牛頓：如果你問一個溜冰好手如何獲得成功，他會告訴你：「跌倒了，爬起來。」這就是成功。

12. 馮夢龍：水不激不躍，人不激不奮。

13. 在快樂中，我們要感謝生命；在痛苦中，我們也要感謝生命。快樂，固然興奮，痛苦何嘗不美麗？

14. 逃避痛苦，就放棄了快樂；追求快樂，怎能不經歷痛苦？痛苦與快樂總是相連，捨棄一個，另一個也隨之消逝。

15. 赫拉克力特：唯有變化才是永恆的。

16. 邱吉爾：要進步就要去改變；要追求完全，就要不斷改變。

17. 巴爾札克：苦難是人生的老師。

18. 西諺：沒有激流，就稱不上勇進；沒有山峰，則談不上攀峰。

19. 生命的價值在於價值生命，自己生命的故事由自我來撰寫。

20. 朱仲祥：對於未知的未來，我們唯一能帶入生命方程式的，是我們的態度。而態度決定一個人的高度。

21. 牛頓：我站在巨人的肩膀上，是為了看得更遠。

22. 羅曼・羅蘭：人生絕不發售來回票，一旦啟程了就無法回頭。

23. 愛因斯坦：不管時代的潮流和社會的風尚如何，人總可以憑自己高貴的品質超越

時代和社會，走自己正確的道路。

為作文鑲上鑽石

驀地　飛揚　款擺　思緒　煙塵　鼓譟　狂野　翻滾　疊嶂　重巒　廣袤　縹緲

狂喜　孕育　脈絡　紋理　樸拙未雕　莘莘學子　探訪　哲思　緘默　呵護　竭盡

潔淨　浮世繪　灌注　加持　扣人心弦　賦予　為人師表　山光水色　啟發　企盼

玩物喪志　氣息　薄弱　寄予　寄語　寄託　禮讚　高潮迭起　生命禮讚　希冀

激昂　鬥志　艱辛　破蛹而出　清新　風風雨雨　大放異彩　捕捉　鑲嵌　浸淫

屈服　韌性　固守　護持　泥濘　跋涉　羈絆　磨礪　奉獻　點燃　點綴　繽紛

矛盾　雋永　搏鬥　砌築　揣測　飽滿　茫然　困惑　渾渾噩噩　糜爛　怒吼　呼嘯

吞噬　迴旋　繞轉　穿透　枯萎　粗糙　詮釋　佇立　溽暑　震撼　震懾　殺戮

體諒　肺腑　無私　滅絕　歇斯底里　湍急

修辭一點靈

層遞法

說話或寫作時，針對三種或三種以上的事物，根據它的大小、輕重、先後次序，有層次寫出的叫做「層遞法」。

例句：

1. 讀書為考試，考試為升學，升學為就業。
2. 一片兩片三四片，五六七八九十片，千片萬片無數片，飛入梅花總不見。
3. 名不正則言不順，言不順則事不成。
4. 山不轉，路轉。路不轉，人轉。人不轉，心轉。
5. 桂林山水甲天下，陽朔山水甲桂林。
6. 話多不如話少，話少不如話好。
7. 一個和尚挑水喝，兩個和尚抬水喝，三個和尚沒水喝。
8. 藥補不如食補，食補不如運動補。
9. 大河源於小溪，小溪來自高山。（藍蔭鼎〈飲水思源〉）
10. 做人要從吃苦做起，吃苦要從細微處做起。（何仲英〈享福與吃苦〉）
11. 濃濃的夜裡有淡淡的燈，淡淡的燈裡有濃濃的螢；濃濃的螢裡有淡淡的夜，淡淡的夜裡有濃濃的夢。（管管《荒蕪之臉》）

頒獎時刻——金筆獎

寫作範本

〈我的偶像〉　許少薰

　　放眼望去，遠處最顯眼的，總是與眾不同、光彩奪目的那一個，吸引了最多的目光；不必刻意地去追尋，也能夠發掘他；心中一股莫名的崇拜及欽佩油然而生，不自主地對他產生崇高的尊重。

　　一位臺北設計師，從小便立定成為服裝設計師的志向，九歲就到了加拿大讀書，又分別在日本東京、美國麻州、法國巴黎求學，如此的好成績，讓他登上了國際舞臺，成為眾人注目的焦點：二十六歲時，美國總統夫人蜜雪兒還穿上了他所設計的禮服，讓全世界的人，更關注這不凡的亮星！去年，他甚至得到許多人夢寐以求的時尚界奧斯卡大獎。他正是我的偶像，就是因為那無形的力量，引領我認識他、欣賞他、了解他，使那無瑕的光輝深深烙印在我的腦海中，這位令人讚嘆的名人，就是吳季剛。

　　吳季剛從小就喜歡玩洋娃娃、看婚紗，他無視旁人投以異樣的眼光，造就了今天的自己，這是值得學習的；不管別人怎麼嘲笑，他就是要走自己的路線，沒有人規定只有女生能玩芭比娃娃。吳季剛憑著這股毅力，在十七歲時，得到芭比娃娃雙料冠軍，當初嘲諷他的人們，現在也都十分景仰他。他散發的種種光輝，都使我們崇拜

〈我的偶像〉　詹仁瑜

　　有些人，他們的一舉一動備受矚目；有些人生，總是綻放生命無窮的燦爛。有些信念，在不平凡的堅持下，改變了世界，改變了眾人的看法；他們受人景仰，受人愛戴；他們的成功令人嚮往，他們所做一切，讓人想致上最高的敬意！

　　成功的背後，總有許多辛酸；令人崇拜的人生背後，總是經歷許多低潮和失敗，他們不平凡的一生，是秉持著堅持到底的精神，是憑藉著永不放棄的決心。人生中，難免挫敗，但是，是否能在困窘中守著信念，持續朝目標前進，或許是成功的關鍵。有個人，他即使不被看好，也依舊相信自己能辦得到，他是我的偶像──股神巴菲特。

　　巴菲特現在是波克夏海瑟威的創辦人暨執行長，他曾是二〇〇八年的全球首富。巴菲特人生中的第一筆財富，是他在六歲時上街賣口香糖得來的；接著十二歲時，他在一次足球賽中的觀眾席叫賣，他存到了一小筆積蓄，準備做人生的第一筆投資；但

他在十四歲時，卻成了問題學生，不過，他對「賺錢」的渴望仍不減，他持續朝目標躍進；但卻在婚姻上受到了打擊，他並沒有在打擊中自暴自棄，他將精力重新投注在工作上，使他成了享譽國際的股神。

巴菲特相信：「在別人恐懼時貪婪，在別人貪婪時恐懼」，他並不向困境屈服，他就像是列車的車頭，在一次金融崩盤時，有許多人破產，但他仍然相信自己。一個成功的人，總是走在人群的前頭，沒有人指引他，但他非凡的成就，卻是那些走在他身後，想追隨他的人的目標。

巴菲特最令我崇拜他的原因，是因為即使他是國際數一數二的有錢人，他的一生彷彿是跟著金錢的局勢走，但他並不重視金錢，他是一個富人，卻支持並主張富人加稅；而且，他在慈善捐款上總是十分慷慨，他的人生之所以成功，我想，並不是因為他是一個富人，而是因為他的紀律和堅持。

巴菲特是顆永恆的星，閃耀在眾人心頭，綻放光芒，他不凡的傳奇將是雋永，我將獻上我最高的敬意！

〈我的偶像〉　林泓均

有些人，是天上那閃爍的星光，點綴著無垠的蒼穹。他們，燃燒自己，使生命發光發熱；他們的全力以赴，使平凡轉換成奇蹟；他們的堅持，使累積的失敗，在無形中轉變爲成功。這些偶像，永不畏懼失敗，而是選擇勇往直前，不顧他人異樣的眼

光，完成自己的遠大理想。

偶像不必是眾所矚目的富豪，而是身上要有一種熱愛生命的力量！我的偶像不是在螢光幕前又唱又跳的明星，也不是在政治圈呼風喚雨的人物，而是屢屢挑戰自我極限的超馬好手──陳彥博。他從小熱愛跑步，成天努力練習，立志要成為世界級的超馬選手。但是命運彷彿跟他開了一個大大的玩笑，他竟然被檢驗出罹患咽喉癌！

但是他並不像平凡人因而放棄，反而更堅定自己的志向，努力治療，積極練習。他無視醫生的警告，依然立下跑完七大洲八大超馬賽的目標，他不想把自由拘束在自己手裡，束縛住無窮的希望，他要放手一搏！因此在他的身體好轉些後，便踏上了杳無人跡，充滿挑戰的道路。在這過程中，他遇到了高溫脫水、失溫凍傷、野獸環伺、腳踝嚴重扭傷……的困境，甚至是與死神擦身而過，但是他秉持著「困境可以摧殘人的身軀，但不能消磨人的意志」的信念，一一突破眼前的難關，嚐到了勝利的甜蜜果實。他讓我了解到，只有夢想的人是不會成功的，只有努力實踐，才能打造出屬於自己的一片天空。

堅持，是成功的關鍵，不要顧多餘的想法，只要勇敢地跨越困境，便能尋找出屬於自己的光彩。我景仰陳彥博的精神和卓越的成就，他就像天上閃耀的一顆星，指引我生命的方向。我將跟隨他的腳步，放手一搏，勇敢地挑戰自己。

參考書目

《現代實用修辭學》 杜淑貞
《修辭學》 黃慶萱
《實用修辭學增訂本》 黃麗貞
《活用修辭》 吳正吉

國家圖書館出版品預行編目資料

陳安如老師的高分會考作文課／陳安如著.
－－二版.－－臺北市：五南圖書出版
股份有限公司，2025.06
面；　公分
ISBN 978-626-423-355-2 (平裝)

1.CST:漢語教學　2.CST:作文
3.CST:寫作法　4.CST:中等教育

524.313　　　　　　　　114004687

ZX1H

陳安如老師的高分會考作文課

作　　　者	陳安如（260.6）
編輯主編	黃文瓊
責任編輯	吳雨潔
封面設計	姚孝慈
出 版 者	五南圖書出版股份有限公司
發 行 人	楊榮川
總 經 理	楊士清
總 編 輯	楊秀麗
地　　址	106臺北市大安區和平東路二段339號4樓
電　　話	(02)2705-5066　　傳　真：(02)2706-6100
網　　址	https://www.wunan.com.tw
電子郵件	wunan@wunan.com.tw
劃撥帳號	01068953
戶　　名	五南圖書出版股份有限公司
法律顧問	林勝安律師
出版日期	2019年10月初版一刷（共四刷） 2025年 6 月二版一刷
定　　價	新臺幣350元

※版權所有・欲利用本書內容，必須徵求本公司同意※

經典永恆・名著常在

五十週年的獻禮──經典名著文庫

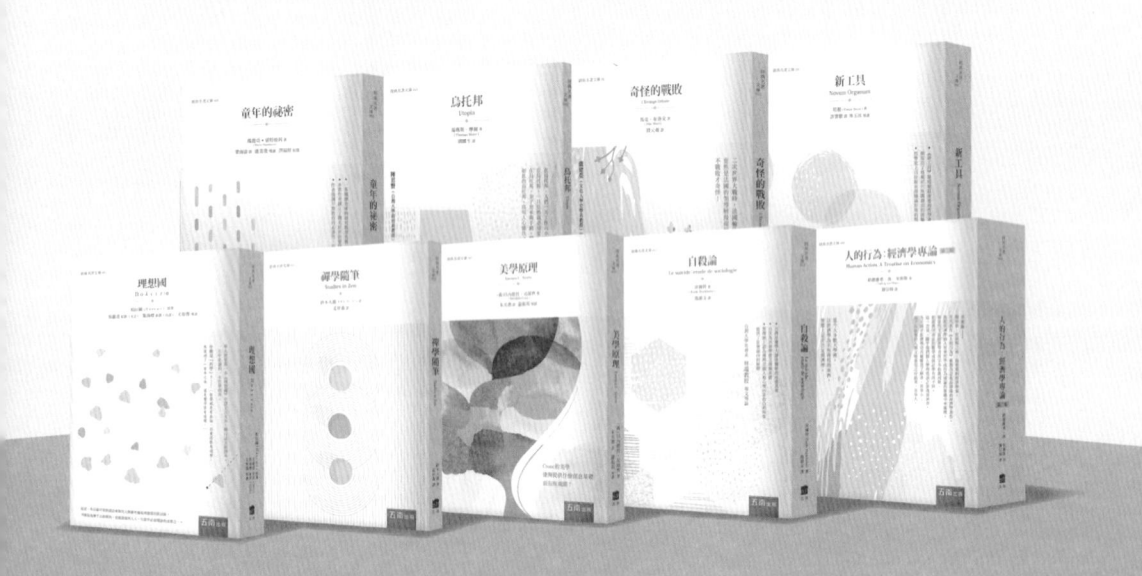

五南,五十年了,半個世紀,人生旅程的一大半,走過來了。
思索著,邁向百年的未來歷程,能為知識界、文化學術界作些什麼?
在速食文化的生態下,有什麼值得讓人雋永品味的?

歷代經典・當今名著,經過時間的洗禮,千錘百鍊,流傳至今,光芒耀人;
不僅使我們能領悟前人的智慧,同時也增深加廣我們思考的深度與視野。
我們決心投入巨資,有計畫的系統梳選,成立「經典名著文庫」,
希望收入古今中外思想性的、充滿睿智與獨見的經典、名著。
這是一項理想性的、永續性的巨大出版工程。
不在意讀者的眾寡,只考慮它的學術價值,力求完整展現先哲思想的軌跡;
為知識界開啟一片智慧之窗,營造一座百花綻放的世界文明公園,
任君遨遊、取菁吸蜜、嘉惠學子!